情緒價值

消除內耗，把情緒變得有價值，跟誰都能自在相處

鄭實 著

CONTENTS

CHAPTER 3

情感投入：有分寸地付出，換來最理想關係

前言
情緒價值——讓關係更美好的催化劑

當你翻開這本書，或許你長久以來關於情緒、關係與愛的常識和信念將會受到挑戰。

在生活中，當我們提及「情緒」這個詞時，往往指的是消極情緒，如「你有情緒了」、「不要帶著情緒跟我說話」、「我不善於控制情緒」。但在這本書中，我要告訴你的是，**情緒其實是有價值的**。如果你能控制好自己的情緒，不給他人造成困擾，就已經超過了大多數人。如果你還能對別人的情緒產生積極的影響，比如當他人沮喪時，給予有效的安慰；精準給出對方想要的回應；當與人溝通時，清晰地表達自己的需求；在社交場合裡不掃興，那麼可想而知，你會多麼受人歡迎和喜愛。

想一下，當別人的情緒如狂風暴雨，令人心緒難平，煩躁不安時，你卻情緒穩定，回應精準，進退得體，這樣的你，想不被需要都難。

那麼，如何才能做到這一點呢？答案就在這本書中。

在我做情感諮詢和自媒體的這些年裡，我接觸過幾千個個案。我發現，大多數人找我諮詢，都是為了把關係經營好，但他們不會調動對方，只是一味地付出，結果不但經營不好關係，還會滿腹委屈。這其實與兩個能力有關：**恰當的情緒表達能力和精準的情緒回應能力**。

沒有人能逃開關係，因為關係能讓我們在世間找到自己的位置。那些搞不清關係本質的人，難免會在關係裡一敗塗地，於是想要逃離關係。

生活中我們經常會遇到這樣的人：他們跟父母的關係不好，成年後不敢建立親密的關係，跟誰都無法交心，總是形單影隻；他們曾經嘗試把自己託付給一段關係，但因為不懂得如何經營，最終傷痕累累，躲進「殼」裡，喜歡上獨處；他們曾經對他人心懷期待，總想要透過不斷地給予，換取重視和關注，卻發現身邊的人變本加厲地向他們索取，而從不在意他們的感受……。從深層次來看，這些害怕關係的人其實是害怕面對人性，以及那些可能帶來傷害、痛苦和束縛的情感聯結。

我們也總能發現，生活中有很大一部分人享受關係帶來的快樂。對他們而言，關係是一個禮物、一個槓桿，不僅給他們帶來了巨大的社會支持，還讓他們活得有滋有味。

在關係裡，他們如魚得水、遊刃有餘。很顯然，這些人懂得關係的本質，也熟稔經營關係的真諦：**讓自己成為關係裡的高情緒價值提供者**。

一切關係的本質都是價值[1]**交換**。不付出任何價值的個體，在關係中是不太被需要的。阿德勒曾說：「所有痛苦的根源都是關係。」他認為，人天生有著對關係和歸屬感的渴求，如果總是不能恰到好處地經營關係，就會出現各種情緒問題。能夠把關係經營好的人，是懂得「價值交換是關係的本質」這個底層邏輯的。如果你能懂得這個邏輯，並且時時為關係提供養分，就能讓人信任你、依賴

1 不僅僅指物質，還包括很多精神層面的東西，本書特指情緒價值。

你、離不開你。

在關係中，**人的價值越大，不可替代性就越大**。那些能夠給他人提供情緒價值的人，往往在其社交圈裡有著不可替代的地位。從價值角度來說，恰當的情緒表達能力和精準的情緒回應能力，代表著你能夠分擔對方的情緒。如果你能做到這些，你在任何關係裡都會成為不可替代的存在。

因此，在這本書中，我希望你可以學會「**情緒表達**」。掌控情緒不是靠忍，千萬不要在有情緒時只懂得忽視和壓抑，那樣久而久之，你就可能變成一個情緒炸彈。你要學會正確地表達訴求，用好的溝通方式來滋養關係；學會用故事溝通法表達你的情緒，迅速走進對方心裡。會表達情緒的人才不會受委屈。

同時，我也希望你可以學會有分寸地進行「**情感投入**」。感情裡並不是誰付出得越多，回報就越多。**有分寸地付出才能換來最理想的關係**。只會無條件付出的人，很可能把關係推向失衡的深淵。聰明的人從不幻想無條件的愛，有智慧的人也不奢望，透過一味給予換取理想關係。學會情感投入的原則，才能在不委屈自己的前提下讓對方重視你。

此外，我還希望你可以學會「**情緒屏蔽**」。並不是所有人都值得請進自己的生命裡。我們在生活中難免會遇到情緒價值低的人，他們缺少合作意識和利他意識，心裡只裝著自己的感受和利益。他們很擅長道德綁架，一旦遇到善良、共情能力強的人，就會吸食對方的心理能量。遇到這樣的人，我希望你學會遠離和屏蔽，而不是在糾纏中度過一生。

最後，我希望你學會精準地「**回應情緒**」。**所有的情緒背後都是需求**。如果一個人缺乏歸屬感和愛，他就會感到孤獨、失落和空虛，他需要被理解和支援；如果一個人缺乏安全感，他就會表現得緊張不安、焦慮迷茫，他需要被照顧和陪伴；如果一個人不自信，他就會表現得無所適從，他需要有人認同自己、肯定自己。順著這樣的邏輯去讀懂情緒背後的需求，並精準地回應，你才能接得住對方的情緒。

要知道，高情緒價值者並不會壓抑自己的情緒，委曲求全。我更希望讀完這本書後的你懂得「**情緒自渡**」，**做自己的情緒價值提供者**，能夠用健康的方式來消化和紓解消極情緒，找到自己熱愛的生活方式，不斷提升自己，在任何關係中都可以進退自如。

當你能做到這些時，關係這個東西便不會束縛住你，反而可以托舉你。

而你，無論是否擁有關係，都可以肆意快活地生活。

鄭實

2024.2.14

CHAPTER 1

善於高品質社交的人，都是高情緒價值者

不管你多麼善良，當你沒有價值時，就算你溫柔得像只貓，別人都嫌你掉毛。

任何人都不會因為你愛他而來愛你，對方只會因為你優秀而愛你。

你的價值就是你的一切，很少有純粹的好人與壞人。

——莫言

對於大多數人來說，被滿足需求比去滿足別人的需求來得更容易。於是，會有人覺得「我為什麼要提升情緒價值呢？我只需要找能提供情緒價值給我的人就好了。」如果你也有這樣的想法，那麼你可能會在關係中處於被動的位置。

無關公主病！世上所有人都需要情緒價值

所有關係的建立，都與價值互換有關。

價值有多種分類，既可以分為隱性價值和顯性價值，也可以分為情緒價值和物質價值。情緒價值與物質價值是相對的，情緒價值大多為隱性的，而物質價值幾乎都是顯性的。

關於物質價值，我們通常可以理解為外在價值，它涵蓋了諸如個人的顏值、身材、財富狀況、家庭背景等，具有一定衡量標準的方面，這些構成了顯性的物質價值。然而，需要注意的是，某個事物所具有的顯性價值並非絕對固定，而是深受人的主觀意志影響。

心理學家阿德勒曾提出一個觀點：**事件本身並不具備決定性意義，一個人對事件所持的態度才是至關重要的**。換言之，不同的物質在不同人的眼中，其價值是有所不同的。例如，世界上並不存在一個普遍公認的「最漂亮的人」，這是因為每個人對「漂亮」的定義各不相同。在一個人眼中極為姣好的容貌，在另一個人看來可能並不那麼吸引人。符合某人對於「漂亮」定義的人，也不止一個。既然一個人的物質價值或外在價值具有可替代性，那麼我們在關係中感受到不安全感，也就不足為奇了。

「情緒價值」指一個人能否讓別人情緒變好的能力。情緒價值難以估量，也不可替代，一個人給別人帶來的情感感受是獨一無二的。「人不如故」、「曾經滄海難為水」便是這個道理。如果你能為別人提供積極的情緒、正面的影響，能夠給予別人鼓勵、理解、信任和關心，從而使對方感到快樂、開心或愉悅，那麼你的情緒價值，在對方甚至周圍人的眼中都會很高。**當你為別人提供的積極情緒遠大於消極情緒時，你便具備了為他人提供情緒價值的能力**。

在一段關係裡，**情緒價值高的人掌握著主動權**。無論是友情還是愛情，只要關係雙方有至少一個人具有高情緒價值，這段關係的容錯率就會很高，因為情緒價值高手就像個掌舵手，能讓象徵你們關係的小船穩穩當當往前開。就算偶爾有點拌嘴吵架等小風浪，只要他們一出手，關係也能迅速回穩，不容易翻船。

與此相反，情緒價值低的人整天散發負能量，就像船上多了個漏水的小洞。他們只懂得索取，不會修補。慢慢地，關係的小船就被負面情緒淹沒了，最後可能只能眼睜睜看它沉下去。

所以我說：「情緒價值高，關係穩如泰山；情緒價值低，小船說翻就翻。」

正向的情緒交流，有助關係升溫

人與人的關係階段可以分為三個階段，或者說三種狀態——陌生人階段、情感互動階段和利益合作階段。

陌生人之間基本上不會發生互動，或者即便有互動，也很有限，比如你早晨搭公車上班，那你和司機之間就是陌生人狀態。在這個階段或狀態下，雖然雙方之間缺乏深入的情感聯繫和長期的利益合作，但依然存在著一系列微妙的聯繫。

在陌生人階段，雙方涉及資訊交換和明確角色定位這些重要問題。比如作為乘客，你有必要清楚表達自己的訴求，不給對方製造情緒垃圾。儘管這個過程中不需要摻入個人色彩和情感投入，但如果能讓對方感受到善意，那對於這一場陌生而短暫的合作是有百利無一害的。相反，如果把自己的情緒發洩到司機身上，又或者在和司機溝通時言語犀利，甚至辱罵對方，那很可能給自己招致危險和麻煩。這種案例實在是屢見不鮮。

陌生人之間的關係具有短暫性和可替代性。陌生人階段雖然看似平淡無奇，卻是人際關係發展的起點。每一段對你重要的關係，都是從陌生人關係開始的。要知道在陌生人階段，關係雙方對對方的情感訴求和利益訴求都很小，但只有在讓對方覺得有「眼緣」的人身上，才會有後續關係開展的可能。這本身就是「情緒價值是價值互換」的完美體現：你的出現讓我流連忘返，所以我期待與你的再次相見。

因此，**情緒價值低的人往往沒有好人緣，也堵死了自己未來的很多可能**。

情感互動階段的關係雙方具有不可替代性、排他性，但又不像利益合作階段會因為金錢和利益，產生太多的分歧和衝突。友情和愛情在很大程度上都屬於情感互動型關係。在情感互動階段，人的情緒價值尤為重要，因為它構成了關係深入與鞏固的基石。這一階段，隨著雙方初步建立起信任和情感連接，彼此開始更加開放地分享自己的想法、感受和需求，情感交流成為關係發展的主要驅動力。

小雨和李明因共同的興趣愛好而相識，但真正讓他們的關係昇華的是，彼此在情感互動中給予的高情緒價值。每當小雨遇到工作上的挫折，李明總能第一時間察覺她的低落，用溫柔的言語和堅定的眼神給予她鼓勵和支持。他的理解和陪伴，讓小雨感受到前所未有的溫暖和力量，重新振作起來。同樣，當李明面臨人生選擇而感到迷茫時，小雨總是耐心傾聽，樂觀、理性地為他分析利弊，鼓勵他勇敢追求自己的夢想。

他們的相處中充滿了正向的情緒交流。無論是瑣碎的日常分享，還是深夜的心靈對話，兩人都能真誠地表達自己的想法和感受，同時又能敏銳地捕捉到對方的情緒變化，及時給予回應和關懷。這種情緒上的默契和支持，讓他們的愛情更加深厚和穩固。

找我諮詢的很多來訪者的情感煩惱，往往是：覺得對方對自己沒耐心；認為對方不懂自己；和對方溝通時不在一個頻道上。在我的印象裡，諮詢親密關係的來訪者，沒有哪個是因為「對方沒錢」而來諮詢的。在我看來，這有一個很重要的原因，就是心理學上所說的「**稀缺效應**」（Scarcity Effect）。

稀缺效應是指當一個物品或資源變得稀缺時，人們對它的需求和價值認知會增加的心理現象。

在戀愛的曖昧期，雖然兩人兩情相悅，但有的人內心還是缺乏安全感，害怕自己被其他人替代。這個時候，戀愛雙方都會努力讓對方覺得自己「值得」，有「價值」。因此，在行為層面就會用心經營自己在對方心目中的形象，比如很多女孩在約會時會提前幾個小時化妝、打扮；平日裡不怎麼講究衛生、愛睡懶覺的男孩也會勤洗頭髮、噴香水，早早跑到約會地點甜蜜等待對方。新鮮感和彼此珍惜，促使關係雙方都想盡辦法提升自己的情緒價值，讓自己更有吸引力。

但一旦關係穩定或者進入了婚姻階段，兩個人的心理契約甚至法律契約都已建立，這時候有些人會認為對方已成為自己的「囊中之物」，不再有失去的恐懼感，因此減少了情感的投入和關懷。人一旦得到了，就不再珍惜的心理現象，在很多人身上都存在。個體在獲得穩定關係後，可能會因自我滿足而減少對情感維護的投入。

稀缺效應還涉及一種逆反心理（Reversal Mind），即當某物變得稀缺時，人們往往會產生更強的占有欲和追求欲。但在情感中，**當一方長期單方面提供情緒價值，而得不到相應的回應時，可能會產生逆反心理，轉而減少或停止投入**。所以，**戀愛不是一個結果，而是讓對方一次又一次怦然心動的過程**。更現實一些說，愛情是雙方一次次讓對方愛上自己獨一無二的價值的過程。友情也一樣，一個總是帶給朋友煩惱、冷漠的人，也會讓友情冷卻，最終使朋友離開自己。

利益合作階段的關係核心是利益，有利益交換，合作才有可能長久。作為服務方，能夠同時提供優質的服務價值和情緒價值，那合作肯定更順利。如果對方跟你順利合作一次，卻再也沒有合作第二次，那你就要反思自己了，有可能不是自己技術、能力不行，而是情緒價值沒給到位。

情緒價值高不高，對方說了算

情緒價值的衡量標準是對方的感受。

情緒價值低的人通常有以下兩種，第一種是不懂得給予的。他們期望對方無條件地滿足自己的需求，包括物質和情感上的。然而，這種單向的索取心態，並不利於關係的長久發展。

感情的經營本質是「合作」

任何關係都需要平衡。**單向情緒索取的關係是不會長久的**。你付出多少，你的回報便有多少。如果一個人什麼都不付出，只想一味地索取，那麼很容易讓雙方進入互相對抗的狀態，從而搞砸一段關係。**感情的經營本質其實是一種「合作」**，雙方在合作中維持感情，而不是針鋒相對、劍拔弩張。如果你希望從對方那裡得到某些東西，不管是物質上的幫助還是情感上的支持，那麼你也應該相應地提供對方所需要的東西，包括你的關心、理解和支持。相互付出有助於維持關係的平衡和穩定。

第二種是付出夠多，但對方往往感受不到的。這類人明明付出了很多，但說話生硬，總是喋喋不休地數落、指責、打壓身邊的人。比如，很多老一輩的人傾其一生為家庭付出，按常理來說，付出如此多的長輩理應受到極大的尊重，得到無限的認可與誇獎。但很多人偏偏一邊付出，一邊指責家人，搞得家庭成員非常不舒服，甚至對其感到排斥，產生了很多抱怨的聲音。

其實，與其用指責的方式來表達自己的需求，不如換一種方式用心經營，反正都要花時間。罵人需要花時間，好好相處依舊要花時間，那麼為什麼不能把這個時間用來好好經營感情呢？惡語相向只會招致他人的反感，導致自己的付出被淡化甚至被抹殺，更換不來應有的尊重。這其實是自傷，是對自己的虧待。

在一段關係中，如果你能夠精準回應對方的情緒訴求，能夠消解對方的煩惱，對方就會覺得和你在一起很舒服，喜歡和你一起消磨時光，從而對你產生依賴與信任。在與你溝通時，對方也會更願意積極地給出回饋，於是你們便產生了一個正向的循環。

那些能把感情經營得很好的人，都明白如何提供正向的情緒價值。例如，老話常說「撒嬌的女人最好命」，這句話其實蘊含著一定的道理。「撒嬌」即情緒表達，而「好命」是情緒帶來的價值。這句話可以理解為，一個人用情緒價值換來了自己想要的回報。

真正的情緒價值，從不是膚淺的虛情假意

有人認為提供情緒價值就是曲意逢迎，但**曲意逢迎只能為別人提供短暫的價值，長久下去會讓對方忽略你本身的價值**。

曲意逢迎可以理解為「見人說人話，見鬼說鬼話」。在對方眼中，取悅成了你的主要功能，如果有一天你不再迎合，你就失去了存在的價值；你只要斗膽講了幾句不好聽的真話，雙方的感情就可能破裂。

想像一下，情緒價值就像你在給朋友送上一杯溫暖的茶，或者在他們難過時給一個大大的擁抱。這是真心實意地關心他們，讓他們感受到你的理解和支

持。這樣的交流讓朋友之間感覺更親近，更信任彼此。時間一長，你們的關係就像那杯茶一樣，越品越有味，感情也越來越深。

而曲意逢迎呢，是你為了討好老闆或朋友，不停地說些他們愛聽的話，哪怕這些話並不是你真心想說的。這就像在演一場戲，你總是在扮演別人想看的角色，而不是展現真實的自己。雖然短期內，對方可能會因為你的話而感到高興，但他們可能並不會真正把你當回事，因為他們知道那些話並不真誠。

更重要的是，如果你一直曲意逢迎，有一天當你累了，或者不小心說了幾句真心話，對方可能就會覺得你很奇怪，甚至覺得你以前都是在騙他。這樣一來，你們的關係就可能破裂。

所以，曲意逢迎只能交換來一時的重視和好感，但高情緒價值則可以讓對方享受與你交往，時間越長，你們的感情就越穩固。隨著對方對你依賴程度的加深，只要對方離開你，他就會不習慣。

前文也提到了，物質價值也叫作「顯性價值」，比較簡單的理解就是所有我們能夠看到的價值。情緒價值則是一個人的「隱性價值」。情緒價值和物質價值有兩處不同，最大的不同之處在於**「顯性價值」是可以被替代的，而「隱性價值」是不可替代的**。世界上有家世、地位和財富的人數不勝數，但如果能夠讓一個人產生獨特情感體驗的人只有你，換個人，味道就變了，那麼你的情緒價值就是不可替代的。

如果一個人的顯性價值是顏值，那他終將會被更美貌的人取代。

我們每個人都沒有辦法在顯性價值上做到極致，因為你有錢，永遠會有人比你更有錢；你漂亮，也永遠會有人比你更漂亮；而情緒價值或者說隱性價值，則隨著時間推移，會讓你對於他人的價值不斷疊加，最後變得不可替代。

彼此提供情緒價值，才能互相滋養

經常會有人問我，「什麼樣的感情會穩定和幸福？」其實，**一段長久穩定和幸福的感情關係，雙方往往都能夠精準地為對方提供情緒價值，讓彼此都能夠在幸福的關係中相互滋養，形成心理依賴**。

物質價值更多給人帶來身體上的愉悅，這種愉悅會隨著時間的推移而衰減；情緒價值所帶來的是精神上的愉悅，這種愉悅比身體上的愉悅要高級得多。

有人認為想要獲取情緒價值，只需要付出行動即可。其實不然，行動也分為無效行動和有效行動，無效行動是沒有情緒價值的，**只有付出有效行動才能獲得情緒價值**。甚至，有些無效行動還會成為阻礙問題解決的有害行動。比如情侶吵架，某一方在砸碎東西後摔門而去，「砸東西」和「摔門」便是無效行動，因為這個行動並不能解決矛盾，只會讓事態升級。

想要讓自己的行動變成有效的，首先要明確自己的長期目標。比如你在和對方經營一段感情時，如果「讓感情長久」是你的長期目標，那麼你的所作所為都不能偏離這一主題，不要去做和主題背道而馳的事情。你不能任由情緒驅使你去做事，而是要對事態進行冷靜評估，採取最有利於實現自己長期目標的行為。

有效行動就是在理性和感性中間找到平衡點，是能讓你在現實生活中受益最大化的行動。

清楚自己的價值，才能在關係中進退自如

遠古時期，基於生存與繁衍的需求，男性與女性在人類進化過程中，形成了角色與分工上的區別。

男性在進化過程中，更多承擔了狩獵、保衛領地等體力密集型任務，這要求他們具備強大的身體素質（或稱體適能）、對危險的判斷能力和競爭意識，以獲取食物和其他資源，從而確保自己和部落的生存。

這種長期的進化壓力，塑造了男性在創造物質價值方面的優勢，使他們更擅長解決具體的生存問題，如建造住所、製作工具等，為家庭和部落提供必要的物質保障。

女性在進化過程中則更多地負責生育、撫養後代及部落內部的情感交流與維護。這一過程要求她們具備高度的同理心、細膩的情感感知能力和優秀的溝通能力，以確保孩子和家人得到妥善照顧、保護，並在社群中建立和諧的人際關係，防止被群體孤立，從而削弱生存力。

因此，女性逐漸發展出了在情緒表達、理解與支持方面的特長，能夠提供情緒價值，增強家庭凝聚力，促進家庭成員間的情感聯繫。

當然，隨著時代的發展，當今社會男女分工慢慢變得不再這麼涇渭分明。女性在職場上發展很好，很多女性也能扮演賺錢養家的角色。大部分的工作職位也不再只屬於男性。男性需要適應這一變化，展現出更加靈活和多元化的角色定位，比如，男性在情感支持能力、照顧家庭的能力方面也應有所進步。

關係的核心是價值互換。在我們這個社會，大部分人都有一定的物質價值創造能力，通俗地說，誰離開誰都不會餓死。**提升自己的情緒價值，才可以在茫茫人海中成為不被忽視的存在**。

提升情緒價值前，先建立2認知

關於提升情緒價值，有兩個基本認知前提：

第一，不做負面情緒的提供者。

第二，清楚自己的價值。

先說第一條。我們只有做到不提供負面情緒，才能開始考慮如何提高正向的情緒價值。什麼是負面情緒的提供者呢？這類人喜歡指責與打壓人，總拿自己身邊的人與別人相比，甚至拿身邊的人的缺點去和別人的優點比較；他們遇事便「甩鍋」，常說「如果不是你，這件事根本不會這樣發展……」這類的話；他們習慣以惡意揣測別人，只要事情沒有按照他們的預期發展，他們便會說：「當初我就知道……」、「你肯定是想……」。

這類人不明白的是，指責並不會讓糟糕的事情變好，只會讓關係越來越差。他們在問題還沒解決之前便大肆發洩負面情緒，讓雙方在一瞬間淪為對立面，他們給對方的感覺，不是在解決問題，而是在無理取鬧。

愛是細節，傷害也是細節，負面情緒堆積過多必定會導致關係破裂。所以，遇到問題要做問題的解決者，提供解決問題的方法，而不是一味指責。

再說說第二條。看不清自己價值的人會淪為討好型人格，不論面對誰都吃力不討好；而清楚自己價值的人則是自我情感的主宰者，掌握著話語權和主動權。

我們需要明白一件事，**提供情緒價值不等於討好對方**。討好型人格的人會不斷滿足對方的需求，他們的邏輯是：我滿足對方了，對方就會喜歡我；如果我不順從對方，對方就會討厭我。**討好型人格的人是依附於別人存在的，他的價值也是依附於別人存在的**。但他的所作所為並不一定都是為了對方好，他只是想用自己的付出取悅對方，從而讓對方不要離開自己。

討好型人格的人總在渴望對方能夠對自己更好一些，繼而想要讓對方包容、關心自己，他的內心已經將自己視為了弱者。討好型人格的人內心的想法是：我不能提出需求，因為我不配，我只能透過無限的付出來換取對方對我的好。

清楚自己的價值，並且能給他人提供情緒價值的人則完全相反，他能夠覺察對方的需求，從而主動滿足對方；他發自內心地欣賞對方、關心對方、保護對方，對對方所做的一切都沒有所圖，是心甘情願的。**情緒價值提供者，潛意識裡把自己當作強者，他給予情緒價值是不計回報的；但當他不想給予時，也可以瀟灑收起**。他可以做到全憑內心，收放自如。

如果把兩者進行對比，我們可以簡單地理解為：討好型人格的人的心聲是——「我想要你對我好，所以我這麼做」；有獨立內核的高情緒價值者的心聲是——「我想對你好，所以我這麼做」。

情緒價值提供者的精神內核一定是獨立的，他有豐富的社交生活與興趣愛好，有自己的生活節奏；能夠決定自己是否要給對方提供情緒價值、是否要讓對方開心、是否要滿足對方的需求、是否要幫助對方……，他不會斤斤計較，也不會計算自己的沉沒成本，他知道自己的價值一直都有，不是因對方而存在的。

提供情緒價值是為了讓關係更好，而不是為了依附於對方。想要做到這一切，就需要滿足一個前提，那就是**讓自己保持能夠隨時離開的狀態**，即隨時能夠抽身退出，把一切話語權和選擇權掌握在自己手裡。當對方不滿意自己或這段關係時，自己可以隨時轉身，絕不拖泥帶水。

情緒價值可能是解藥，也可能是毒藥

許多人在追求情緒價值的過程中，容易陷入一個**常見的迷思：將情緒價值簡單地等同於甜言蜜語或表面的溫柔**。然而，真正的情緒價值遠不止於此，它**源自內心的真誠與關愛，是人際關係中不可或缺的滋養劑**。

當我們將情緒價值視為一種交易手段，試圖用它來換取對方的物質或情感回報時，這份價值便失去了其本質的意義，變得扭曲而虛假。

產生以下幾種錯誤認知的人，就有可能提供不了真正的情緒價值。

錯誤認知①：情緒價值是甜言蜜語

很多戀愛中的人常有這樣的表現：當自己好言好語為對方提供了情緒價值，而對方仍然達不到自己的要求時，就會覺得掃興，甚至與對方冷戰。有這種心理的個體陷入了一個迷思：將情緒價值視為換取物質價值的籌碼。實際上，**情緒價值是關係中不可或缺的潤滑劑，它應當是出於真心與關愛的自然流露，而非精心設計的交易手段**。無論是男性還是女性，都不應將自己的需求隱藏在甜言蜜語之後，試圖以此換取物質回報。

健康的關係建立在相互理解、尊重與坦誠溝通的基礎上。如果某一方有特定的需求或願望，直接而誠懇地表達出來，往往更為有效。這不僅有助於避免誤解和不必要的衝突，還能促進雙方之間的信任與親密。

因此，無論是男性還是女性，都應當學會在關係中保持坦誠與真實，避免使用糖衣炮彈來掩蓋自己的真實意圖。記住，真正的愛是基於對彼此的全面接納，而非僅僅局限於物質上的給予與索取。

錯誤認知②：情緒價值是扭曲的誇獎

扭曲的誇獎本身就是情商低的表現。這種誇獎並不是真正的、能讓別人高興的「誇獎」。它分為兩類，第一類是在**變相彰顯自身的優越**，第二類是在**間接表達自身的不滿**。

第一類誇獎看似在誇獎對方，但其實是在指出對方的毛病，同時給自己臉上貼金，這種所謂的誇獎，實際上是在強調對方不好，進而彰顯自己的包容。

第二類誇獎其實是在宣洩不滿。

有位媽媽十分注重孩子的學習，也總希望透過鼓勵和誇獎來激發孩子的自信心和學習動力。但在孩子看來，她的每一句誇獎都帶著一個更高的要求，讓孩子十分有壓力。比如孩子在學校完成了一幅自認為非常漂亮的畫作，滿心歡喜地拿回家給媽媽看。媽媽看到後說：「嗯，這幅畫顏色用得還行，但線條還不夠流暢，如果你能再努力一點，一定能畫得更好。如果能把這種幹勁用在課業上，就更好啦！」

孩子聽完這樣的話，會有怎樣的感受？原本期待被誇獎的喜悅瞬間消失了大半。他感到自己的努力並沒有得到媽媽的完全認可，反而像在被挑剔不足。這樣的「誇獎」讓他覺得，無論自己怎麼做，都達不到媽媽的期望，從而產生了挫敗感和自我懷疑。

想要誇獎別人和給別人情緒價值，自己首先要有一個穩定的情緒。只有穩定住自己的內核，才能給別人帶來情緒價值。

會處理自己的麻煩，才能解決別人的問題。當自己不舒服的時候，要先處理自己的負面情緒，大大方方地表達出來。在情緒回落到穩定的區間後，再去和對方溝通，這樣才能提供情緒價值。

錯誤認知③：情緒價值是角色的錯位

角色的錯位，在於沒有擺正自己的位置。這類人的行為總是打著「為你好」的旗號去干涉對方，可以稱之為「過度關懷的陪伴者」。

這類人的初衷或許出於善意，但在表達上超越了適宜的界限。有些父母在孩子填選志願時，會橫加干涉。這種方式剝奪了孩子自主決定的權利，很容易轉變為一種無形的壓力，讓孩子想要逃離。

這樣的過度關心實際上是一種控制，久而久之必定會讓對方厭惡。這樣的人做出的所謂「愛的舉措」，實際上都只是為了成就自己的價值體系，是把自己的控制欲戴上了一個面具，將自己的價值取向強加於人。

無論兩個人之間是多麼好的關係，尊重對方的個人空間與隱私至關重要。過度的介入，無論是出於好奇、關心還是其他動機，都可能在不經意間觸碰到對方的敏感地帶，引發對方的反感與不安。長此以往，這種**情感上的「越界」不僅會讓被關懷者感到被束縛和不適，還可能破壞原本和諧的關係氛圍，使得雙方都變得緊張而謹慎**。

如果你身邊有這樣的人，是時候讓他停止了。要清楚一點：對方在你的生命中很重要，但再重要的人都無權干涉你的私人空間和私人生活。當然，我們也不要讓自己成為這樣的人。

如果你是這種人，那麼你需要及時收手了。你可以給對方提建議，但不要給對方下命令，不是只有你有話語權，對方也有。你要去傾聽對方的想法，而後共同想出一個萬全之策，這樣才能讓彼此都滿意，從而促使雙方關係更趨於和諧與穩定。

錯誤認知④：情緒價值是高高在上的讚美

居高臨下的讚美不會為別人提供任何情緒價值，只會讓人感到極其不舒服。

例如丈夫為妻子做了一頓飯，妻子說：「做得不錯，以後再接再厲吧。」丈夫聽後會做何感想？會快樂嗎？顯然不會。居高臨下的讚美，會讓被誇讚的一方感覺處於低位，心生不悅。

一個人想要給出對他人高情商的讚美，一定要滿足兩點：一是**看到事情的本質**，二是**表達自己的感受**。

看到事情的本質，也可以理解為看到對方在這一事情中的態度。比如另一半為你做了一頓浪漫的晚餐，那麼事情的本質是對方很用心地表達愛意，你要捕捉到對方體貼、浪漫的用心。接下來是表達感受，比如對他說「我感覺好幸福」。這樣的表述才是平等關係之間的誇讚。

你需要遠離習慣居高臨下讚美別人的人，也要避免自己成為這樣的人。**居高臨下地讚美別人，本質是在進行心理補償，補償的是自己的自卑心**。自卑發展到一定程度會形成優越情結，人會因此做出各種不合理的行為。

自卑並不是壞事，正是因為感到自卑了，人才能超越自卑。如果你正感到自卑，不妨正視自己、接納自己、提升自己，如果能夠做到這一點，你便能開始為他人提供正向的情緒價值了。

感情，是兩相情願的「合作」

感情關係中也是存在博弈的，但和經濟學上的博弈不同。經濟學上的博弈是運用各種手段和策略，達成自己的最終目的；而**感情關係中的博弈最終要形成合作共贏的局面，獲利的主體是雙方，缺一不可**。

想要在感情中實現雙贏，核心在於「合作」。親密關係中，這一點表現最為明顯，因此我們用親密關係來舉例。

當雙方都互有好感，決定交往後，雙方必須都展現出強烈的「合作」意願，拿出積極友善的誠意，發誓絕不背叛，否則後續發展就無從談起。

第一回合，你需要確定你們是否能

夠合作。下一回合，你要確定你們如何繼續進行，這取決於上一回合你們的合作狀態。當對方出現不合作的傾向時，你也不要吃力不討好地單方面維持；你要終止合作，展現出自己的鋒芒。

如果你沒有留戀，可以選擇轉身離去；如果還有回頭的餘地，那麼也可以選擇寬恕，但前提是對方已經停止了不合作的傾向，且展現出了悔改的誠意。

人單憑自己的熱情和信念，是不足以支撐一段關係的。**任何關係的維持都需要遵循一個底層邏輯——對方的某項行為應該被你給予相應的、匹配的回應，以此實現關係的平衡**。即我對你好，但如果你對我不好，那我也絕不會再對你好，就是這麼簡單。關係的建立都不是一廂情願的，對方對你的態度和付出的程度，才是決定你在這段關係裡投入多少的準則。

簡而言之，你的投入要和對方的投入相匹配。從你的角度來看，如果對方不合作，就會失去你的優待，這樣才能維持雙方關係的和諧。這就是維持任何一段親密關係的準則。當然，人也不能「雙標」。如果自己選擇了不合作，那麼對方也有資格做出調整。

CHAPTER

2

情緒表達：善於展現自己，才更容易被理解

沒有收拾殘局的能力，就別放縱善變的情緒。
——稻盛和夫

學會表達自己，才能在人群中不被忽視。

學會用技巧說出自己的心聲，並讓對方願意聽、願意配合、願意靠近自己，才是高情緒價值者的能力體現。

當你能理解自己、看見自己的需求，並表達出每一個想法、每一份情感，你才可以在人際關係的征途中無堅不摧。

2個原則，拉近兩性溝通的距離

大多數人習慣從單一、特定的角度來看待問題，之所以習慣於這種思維方式，是因為單一思維有利於我們快速得出結論，提供行動方案，但這容易導致觀點片面，解決不了多元複雜的問題。

與這種單一思維相對應的是複合型思維。「複合型思維」指的是能利用多種思考方式，以及從不同的角度來看待問題的思維。

單一思維通常只能對問題進行簡單處理，缺乏對事情全景和整體的思考；而複合型思維既能幫助我們從不同領域、文化角度思考問題，還能幫助我們從不同層面的細節思考問題。它不僅有助於形成新的觀點，還能夠使我們更好地理解和應對複雜的問題。在處理複雜的關係問題時，更全面、靈活、準確的複合型思維就顯得尤為必要。

在生活中，我們跟異性打交道時，尤其需要複合型思維，這是因為兩性的思維方式與處事風格是截然不同的。知名的兩性情感專家約翰．格雷（John Gray）曾提出，男性更喜歡沉默，女性更喜歡溝通；男性更趨於理性，女性更趨於感性；男性更喜歡解決問題，女性更喜歡表達情緒。

男性與女性生活在兩個不同的世界中，**男性說著「男性語」，女性講著「女性語」，想要和異性溝通好，就一定要學會站在對方的思維層面去表達自己**。

英國著名現代主義與女性主義先驅作家吳爾芙曾說：「偉大的靈魂，都是雙性同體的。」她同時在作品《自己的房間》中說：「我們每個人都受兩種力量的制約，一種是男性的，一種是女性的。在男性的頭腦中，男人支配女人；在女性的頭腦中，女人支配男人。正常的和適宜的存在狀態是兩人情誼相投，和睦地生活在一起。如果你是男人，頭腦中女性的一面應該發揮作用；如果你是女人，也應與頭腦中男性的一面交流。」

本書是專門寫給渴望具有高情緒價值的女性的，因此很多建議更多是從女性獲得的視角來寫的（但這並不意味著男性不需要自我成長）。

所以，女性如何使用複合型思維，讓自己在別人面前自信表達呢？

①理性思考結合感性表達

首先，女性要懂得理性思考，感性表達。

在處理人際關係時，女性應當巧妙融合理性思考與感性表達。女性自然擁有出色的共情能力，擅長以溫柔的話語慰藉人心。然而，在他人面臨困境時，單純的情感支持往往不足以解決問題，他們更需要的是基於理性的分析和實際建議。

因此，我們需要先以冷靜的頭腦審視問題，深入剖析其本質，確保我們的回應既有深度又具針對性。隨後，再運用我們的感性力量，以真誠和同理心去表達我們的理解和支持。

也就是說，思維不能只有理性，也不能只有感性，而是要將二者有機結合，用理性引導感性。理性有道理，但過於冰冷；感性有情緒，但不利於解決問題。所以我們需要理性地切入問題，把問題分析明白了，然後再感性地表達感受，即由理性的分析，轉到感性的表達。

【純理性回應】

情境：朋友在工作中遇到重大挫折，向你傾訴。

回應：「這個問題的關鍵，在於你需要重新評估你的工作策略，找出失敗的具體原因。我建議你制訂一個詳細的改進計畫，並尋求上級或同事的回饋，只有透過系統性的分析和調整，才能有效解決問題。」

分析：此回應完全基於理性分析，提供了具體的解決方案，但可能忽略了對方的情感需求。

【純感性回應】

情境：同樣，朋友在工作中受挫。

回應：「哎呀，別難過了，我知道你一直很努力。這種事情誰都會遇到，別太放在心上。我們一起出去散散心，吃點好吃的，心情就會好起來的。」

分析：此回應充滿了同情和安慰，但缺乏實質性的建議，可能無法真正幫助對方解決問題。

【理性分析＋感性回應】

情境：還是這位朋友在工作中受挫。

回應：「我完全能理解你現在的心情，面對這樣的挫折，任何人都會感到沮喪。但你知道嗎？這正是我們成長的機會。我們可以一起坐下來，分析一下這次失敗的原因，看看是哪些環節出了問題。同時，我會一直陪在你身邊，支持你、鼓勵你。我相信，以你的能力和韌性，一定能夠改進工作策略，制訂一個更詳細的計畫，重新站起來。」

分析：此回應首先以同理心認可了對方的情感，然後轉入了理性的問題分析，最後再次以感性的方式表達對對方的支持和信任。這種方式既照顧到了對方的情感需求，又提供了實質性的幫助，是更為全面和有效的溝通方式。

試想，誰不渴望身邊能有這樣一位既能理性給予堅實支援，又能成為最貼心、可依靠的人呢？

②營造新鮮感

其次，要利用人性的競爭性。

為什麼人在關係中會想製造一點「小緊張」，或者保留一些「小祕密」呢？人都有那麼一點「小心思」，不希望自己在別人眼裡變得太「透明」。就像玩遊戲時，如果一開始就把所有底牌都亮出來，那遊戲還有什麼好玩的？在關係中也是一樣，**保留一點神祕感，能讓對方對你保持好奇和興趣，這樣關係才能持續有新鮮感**。

人都有「怕失去」的心理。當你對一個人毫無保留地付出時，可能會讓對方覺得「你已經是我的了，不用再費心經營這段關係」。但如果你偶爾表現出「其實我也有很多選擇」的樣子，對方就會有點緊張，怕你真的離開他，從而更加珍惜你。這種「小緊張」其實就是一種危機感，它能讓關係更加穩固。

每個人都有自己的小空間和自由。即使在親密關係中，我們也需要一些獨處的時間和個人的興趣愛好。如果你總是圍著對方轉，沒有自己的生活和圈子，那麼這段關係可能會變得壓抑。保留一些個人空間和時間，不僅能讓自己保持獨立和成長，也能讓對方更加尊重你的個人邊界。

因此，製造一點「小緊張」還能讓關係更加有趣和刺激。就像看電視劇一樣，如果劇情太平淡無奇，觀眾很快就會失去興趣。在關係中也是一樣，如果總是風平浪靜、毫無波瀾，那麼關係可能會變得乏味。偶爾製造一些小緊張、小挑戰，能讓關係更加有趣和充滿激情。

說出來，而不是一味期待心靈相通

戀愛的雙方有時很難理解對方，這是因為男女的情緒感受截然不同。

如果把情緒價值比作建築，男女的感情觀就是建築的地基。關係中雙方的認知能力再強，如果地基沒有打好，即便增加再多的裝飾，樓房也還是非常容易崩塌。

想要把感情維繫好，就需要瞭解男女的情緒感受差異。

下面舉一個由送禮物事件產生感情矛盾的例子，來分析男女感受情緒的不同。

一個女孩和男朋友外出逛街。女孩相中了兩枚戒指，這兩枚戒指都很精美，此時女孩有了選擇困難症，於是徵詢男朋友的建議。她的男朋友也分不出來哪個更好，只是說：「都挺好看的，看你喜歡哪個了。」

因為難以選擇，女孩決定再逛逛別家，可是轉了一大圈也沒有遇到合適的，最終只好又返回了這家店。男朋友見女孩依舊無法取捨，就說：「要不兩個都買吧，我買下給你當作禮物。」

聽到「禮物」兩個字，女孩頓時心花怒放，她想到情人節很快就要到了，自己如果能收到這兩枚戒指，那真的很浪漫。可女孩還是想讓情人節的禮物保留一些驚喜和儀式感，便假意說：「算了，不要了，感覺這兩個戒指和我的衣服都不搭」。但她內心想的卻是：「我們走後，你把這兩枚戒指都買下來，在情人節那天送給我吧。我相信，你會懂得我的想法。」

在女孩惦記了許多天後，情人節終於到來。這一天男友給她的禮物用一個精美的盒子裝著，沉甸甸的。女孩感覺有些不對勁，拆開後發現果然不是戒指，而是一套護膚品。

男朋友得意揚揚地表示，這套護膚品是自己在請教了許多女同事後挑選出來的，男友還說：「這套護膚品有祛痘功效，你不是長痘痘嗎？用了這個以後，痘痘肯定很快就沒有了。」

聽到這裡，本就失望的女孩突然大發雷霆。她覺得男友實在是太過分了，自己已經那麼多次表示喜歡的是戒指，但對方非但沒有送自己戒指，還說自己的痘痘問題。

她怒道：「嫌棄我有痘痘，你就去找別人，我不需要你幫我治痘！」

男友聽到這裡完全愣住了，委屈和憤怒頓時同時湧上心頭。自己的好意完全被辜負了，女孩不感謝、不誇讚也就算了，反而無理取鬧，真是莫名其妙！於是頓時爆發了爭吵，兩人很快就不歡而散了。

兩人冷戰了幾天後才漸漸緩和矛盾。在下一次見面時，男友問及女孩當天生氣的原因，女孩坦白道：「我想要的是戒指啊，你送我護膚品幹嘛……」

男友極其費解：「你不是說不喜歡戒指嗎？你說和你衣服不搭啊。」

女孩立刻打斷他的話，說：「弦外之音你聽不出來嗎？風格不搭什麼的只是藉口，我如果不喜歡戒指，能看這麼多次嗎？」

「你最後明確地說『不要了』，誰能想到你其實說的是反話啊？」

「咱倆認識這麼久，你難道連我的心思還猜不出來？！」

……

最後，兩人再次爆發了爭吵，於是又是不歡而散。

猜不到是正常的，男女內建系統本不同

發生這樣的事情無關乎兩人的關係狀態，也無關乎年齡和階層，這是一部分男女相處過程中的一個縮影，很多女性會用自己的主觀思維，去理想化自己的另一半和感情。有的女生總是認為男生會理解自己的感受和想法，結果卻是男生沒有真正理解自己的需求，所以女生感覺很失望。

可是，**大多數男生是不會精準捕捉女生的想法的，因為男女的思維有很大差異**。男女的關注點不一樣，男生不可能精準猜到女生有什麼情緒變化。

女生這種不明確地表述感受，只想讓男生捕捉自己所思所想的行為，本質上

是希望自己像小孩子一樣被男生關懷，這背後的邏輯是，女生希望自己被無條件照顧。女生讓男生猜自己的想法，本身就不是最佳溝通方式。這會讓男生焦頭爛額，男生每猜錯一次，女生的失望就多一分，這在心理學中被稱為「**不合理信念**」，雙方的矛盾也因此會越積越多。

女生的思維特點是說話會有所保留，喜歡把線索留在自己的某句話語和某個動作上；男生的思維特點是「所聽即所得，所見即所得」，如果男生聽見女生說「不喜歡」，就會認為女生真的不喜歡。

把視角切換一下，男友的視角是這樣的：男生陪女友逛街，本身就很不情願，因為他心裡想的可能是，自己最討厭陪別人逛街了，費時費力、漫無目的，純屬浪費時間，還不如在家玩遊戲呢。但是為了做一個好男友，這些不算什麼，而且如果不陪伴，女友肯定會生氣的。

逛街的時候，女友看好了兩枚戒指，但一直選不出來買哪一個。女友問男孩建議時，男孩是在認真思考的，可是這兩枚戒指不論是款式還是圖案都沒有太大區別，自己只好說「都好看」，畢竟這是一個很保險的回答。

女友因為選不出來而決定不買了，那男生只好陪她繼續逛。可是逛了許多家也逛不出個結果，男生有些不耐煩，但又不好意思說什麼。最後女生又回到了最初的那家店，男生感覺非常尷尬，都不好意思直視店員，因為來了兩次卻都不買。於是男生決定，乾脆把兩枚戒指都買下來，這樣這件事就可以告一段落了。女生卻說戒指和自己的衣服不搭，這讓男生一頭霧水，心想：這是什麼意思？是要再買衣服？還是單純地不喜歡這個戒指了？究竟是喜歡還是不喜歡呢？

男生轉念一想：她應該是真不喜歡，因為喜歡的話應該會直說。既然不喜歡，那就走吧，真的很煩，反覆試卻不買，好尷尬，每次逛街都是這樣。

回去後，男生把戒指迅速拋之腦後。情人節將近，男生開始回想女生喜歡什麼，他突然想起最近女友總是說她自己開始爆痘了，很影響顏值，於是男生便詢問好幾位女同事，哪款護膚品的祛痘效果最好。最後男生挑選了最貴的那一款，心想：她這麼愛美，我買這個肯定沒錯。

可是沒想到給出禮物後，女友卻大發雷霆。男生既委屈又難堪，他覺得女友是在無理取鬧。明明是女友前幾天說自己爆痘了，買給她這個護膚品也是順理成章的，自己花了心思為她準備禮物，沒有功勞也有苦勞，結果她絲毫不領情，還說什麼讓我去找別人，真讓人生氣！

過了幾天，兩人和好後，男生去問女友，結果又被女友指責「不懂自己」。這怎麼可能懂？是女友當時自己說不想要了的，她說得那麼認真，誰能想到是正話反說？誰知道她的話是真是假？！

好默契，都是反覆溝通出來的

繼續探討上述的問題。在親密關係中，應該怎麼表達訴求，才不會失望？正確的思考方向是：如果你既想在收禮物的時候得到驚喜，又擔心另一半給你的禮物不合心意，那麼你可以和對方各自列一張自己期望收到的禮物清單。如需送禮物，你們可以在清單裡挑選。雖然驚喜程度會有所下降，但不會下降太多，更不會出現偏差，這樣至少能夠讓你們保持默契，從而讓關係更加和諧。

在男女的相處模式中，「打地基」是很累的，想要捕捉對方的情緒感受談何容易？

一個人所想的和所說的會存在偏

差，所說的和對方聽到的也有偏差，對方聽到的和對方理解的還有偏差。所以，即便兩個人絞盡腦汁地溝通了，也難免會有誤解。**溝通都會存在誤解，溝通一半或不溝通，豈不是誤解更大？**

在上面的案例中，男生一直在猜測女生的需求，這種相處模式就是錯誤的。猜對了皆大歡喜，猜錯了就會激化矛盾。很多男生是不善於表達的。男生不會把自己的所思所想都事無巨細地講出來，只會流露出無語、氣憤、委屈等情緒。

我們都希望自己被別人理解和尊重，因為這是一種讓人感受到被愛的體驗。但是一**個人「愛你」，不代表就一定能「懂你」**。「懂」是一種默契，心照不宣的配合，需要長期相處後才能實現。在這之前，女生要做好溝通工作，要把自己的行為和需求解釋清楚，從而幫助男生更好地理解她。

在「打地基」時，女生要充分表達自己的需求，只有表達清楚了，男生才能懂得如何去愛你。例如，告訴對方你喜歡吃什麼菜，這樣他下次就知道怎麼點菜給你了。如果你不說，他可能會猜錯，然後你們之間就會有誤會。所以，溝通很重要，它能幫助對方更好地瞭解你，也讓你更瞭解對方。

所有關係，都需要用心經營

其實，不只是戀愛關係，我們生活中的每一種關係都需要溝通。例如，你和同事一起工作，你要告訴他你的任務是什麼，需要他怎麼配合你；你和朋友出去玩，也要商量好去哪裡玩、玩什麼。如果大家都有所保留，甚至極力掩藏想法，讓對方去做「閱讀理解題」，那麼一定會出問題，產生矛盾。

記住，**大方表達自己是解決問題最好的方式，也是避免衝突的祕訣**。

「故事溝通法」，讓你迅速走進對方心裡

如果你沒有辦法知曉對方的內心狀態，也沒有辦法捕捉到對方的情緒，那就要學會「**講故事**」。

講故事是一種交流的方式，可以體現你對他人的理解，也可以體現你的三觀（編按：通常指世界觀、人生觀和價值觀）。

朋友也好、親密關係也罷，所有的關係都是需要交流的，如果你不喜歡交流，就沒辦法和別人構建起良好的關係。

故事溝通法是門檻最低、見效最快的社交方法。講故事可以迅速構建自身親和力，從而拉近你與對方的距離。一

定要先講你自己的故事，由你的故事來引出他的故事，而後你需要扮演的就是一個傾聽者的角色了。一旦對方開始講起自己的故事，便意味著你們的距離拉近了。如果對方不願意為你講自己的故事，表示你們的關係還較遠。

講故事有助於建立舒適的相處模式，話到投緣時，對方會覺得你這個人很有趣，於是便會喜歡與你相處。

有一點需要注意，講故事的時候不要太「油膩」，展現太濃烈的個人情感，不要自我感動、自我吹捧、自我炫耀，以免讓對方心生反感。而且在講述時要基於對方的反應做好調整，切忌「自嗨」到讓對方「尷尬得摳腳趾」。

你在講故事的時候，要把自己的內在想法與長處表現出來。比如，你可以講在國外旅行時的一些有趣經歷，從而體現你的灑脫與見多識廣；你也可以講一講和寵物之間的相處故事，從而顯露你溫婉感性的一面。

先打開自己的心，別人才能走進來

你所講的故事，無論是跌宕起伏還是平淡無奇都可以，**只需要真誠地袒露自己的心聲即可**。你只有把自己的心打開，別人才能夠走進來，才願意向你袒露心聲。而對方對故事的共鳴程度和反應，其實就是考察你們之間能否匹配的尺度。對方欣賞你、對你感興趣，未來你們的關係才有進一步加強的可能。

在你的故事講完之後，**一定要有一個過渡，這一點非常重要**。你需要從一個話題引向下一個話題，一個你們都有共鳴的話題。比如當你講完自己的感情經歷後，你可以話鋒一轉，說：「那你呢？你願意談談你的感情經歷嗎？」

學會了這些，你一定能夠成為一個深諳溝通之道的人。**當你懂得控制自己的情緒，同時又懂得瞭解別人情緒的時候，你便擁有了較高的情緒價值**。

4個「不做」，打造高效溝通

每一次好的溝通都是滋養，每一次壞的溝通，滋生的都可能是恨意。

在關係的經營當中，最重要的環節就是溝通。溝通效果的好壞，決定一段關係能否長久順利地走下去。

溝通能力屬於情商範圍，而聊天是溝通中的一個具體體現。**「不會聊天」的人絕對不是一個情緒價值高的人**。要做到「高情商」與「會共情」，是人終其一生都要面對的課題。我們上學時要與同學溝通，上班時要與同事溝通，戀愛時要與伴侶溝通，生育後要與子女溝通……。

一個人如果不會溝通，就表示這個

人還有較大的情商提升空間。很多人的感情之路不順，人緣不好，**有時並不是因為遇人不淑，而是因為自己根本不會溝通**，於是搞砸了一段又一段的關係。

想要實現與人高效溝通，需要從兩個層面入手：

第一個層面，是讓自己懂得閉嘴。

第二個層面，是讓自己睿智開口。

本節我們主要講第一個層面。關於第二個層面，在下一節闡述。

如果不清楚哪些話該說，就先弄清哪些話不該說。如果自己總是說話太直，那麼不如先不說或少說。畢竟不做錯事，比做對事更重要。尤其是你在某個領域沒什麼經驗，甚至很不擅長的時候，停止行動、不去做事，能夠杜絕最壞的情況發生，這便是「**藏拙**」的智慧。

就像海明威在作品《戰地鐘聲》中說的那樣：「我們花了兩年學會說話，卻要花上六十年來學會閉嘴。大多數時候，我們說得越多，彼此的距離卻越遠，矛盾也越多。」

人和人的溝通是存在心理界限的，**想要學會聊天，就要先學會閉嘴**。

以下有幾則關於如何藏拙的建議。

①不要在關係上發展太快

我們要根據情感的不同階段去聊天，要有明確的心理界限。有些人在感情中跑得太快了，在剛開始就深入，這是一個大迷思。

比如兩人初識，聊得投機固然好，但不能因為投緣，而太不見外地以對方的男女朋友自居，把自己當成「準伴侶」。這種情感升溫過快的做法，很容易把對方嚇跑。

這時候的關係充其量是朋友之上，戀人未滿，也就是說，比朋友多一份親密，但遠未達到伴侶的程度。因此，別用伴侶的標準去約束對方，比如要求對方秒回訊息或隨時待命。這樣的期待可能會讓對方感到壓力，甚至產生逃避的念頭。

在這個階段，保持適當的距離和神祕感尤為重要。別一股腦地把自己的一切都展現在對方面前，留點餘地，讓對方有探索你的欲望。同時，也要注意自己的言辭，別聊得太深入，觸及對方可能不願觸及的領域。

總之，感情需要慢慢培養，就像釀酒一樣，時間越久，味道越醇厚。所以，請給彼此一點時間和空間，讓感情在自然而然中逐漸升溫。

如果你能保持邊界感和分寸感，你就能夠在一段關係剛萌芽時增添神祕感，由此激發對方的探索欲。

② 不要一直散播負面情緒

誰都愛靠近樂觀陽光的人。與這樣的人相處，心情都能跟著變好。反過來，誰也不願意整天聽人抱怨這抱怨那的，對吧？

任何人都不喜歡身邊有個「負能量發射器」。老是聽到別人吐槽這個、抱怨那個，真的很煩人，就像耳邊總有隻蒼蠅嗡嗡叫，讓人不得安寧。

有時候，我們可能會誤以為伴侶是無所不能的情感支柱，朋友是自己的心情充電站，父母永遠有時間接聽我們的電話，他們總能無條件地承載我們的所有負面情緒。但實際上，這樣的期待是不公平的，也是不健康的。

無論是誰，都需要有自我療癒的空間和時間，而不是將他人當作情緒的「垃圾桶」。如果你習慣散播負面情緒，把別人當作情緒垃圾桶，時間一長，對方可能會覺得你是個「情緒黑洞」，一靠近你就覺得心情變差，連跟你聊天都提不起勁來。

因此，我們都應當學會自我調節情緒，避免對身邊的人過度散播負面情緒。在遇到困難或不如意時，可以嘗試透過運動、閱讀、冥想等方式來排解壓力，而不是一味地向身邊人傾倒苦水。同時，也要學會傾聽和理解對方的感受，這樣，不僅自己心情會變好，也能讓周圍的人感覺更舒服。

③不要暴露太多的需求感

聊天可以，但要適可而止。不要在各個時段無休止地和對方說話，更不要對方回你一句，自己就立刻滔滔不絕地長篇大論。這種行為會讓對方壓力很大，因為這是變相地想要綁住對方。**當你口若懸河的時候，很容易就說出自己的種種需求**。

很多人都是這樣對對方失去興趣的。比如自己剛和對方開始構建關係，對方就經常說個沒完，就算明確表示自己要去忙，對方還是停不下來。

總之，不要做個嘴停不下來的人，更不要做個時常表達需求的人。安靜下來，你能變得更深沉，也會變得更有魅力。

④不要表現出自卑傾向

很多人總是在戀愛時表現得很自卑。只要對方條件比自己好，就覺得對方是高高在上的，認為自己配不上對方，把自己變成了一個仰望者。總是問對方：「你會不會嫌棄我」、「我是不是哪裡做得不好」、「你不會覺得我很煩吧」、「你不會看不起我吧」……。

如果你總是這樣，那麼你在關係中就已經處於了劣勢地位。你在溝通時變得小心翼翼，時常患得患失，對方稍微對你好一些便受寵若驚。久而久之會讓對方覺得你很低級，對方會不自覺地認為「嗯，我好像確實比你強很多」，繼而開始故作姿態。

要知道，感情是雙向奔赴的。**對於任何關係，經營的本質都是價值平衡**。你能夠和對方在一起，對方能夠選擇你，表示你們的某些價值是對等的，只不過你沒有意識到而已。**如果你沒有價值，對方為什麼會走近你呢？**所以，你完全沒有理由自卑，你可以理直氣壯地自信起來！不表現出自卑傾向，你就不會處於劣勢地位。

5個訣竅，一開口就收穫好關係

一個很討喜的社交行為，是誇獎對方。你應該學會誇獎。拉滿情緒價值這件事，禁止任何人做掃興者。試想一下，當你工作完成得不錯，主管在會議上說：「小趙的工作完成得很好啊！真是令人刮目相看，改天跟大家分享一下經驗，大家都能學習一下。」這時候你回應：「哎，早知道要被派工作，我就不這麼主動了。」面對這樣的回應，主管應該會氣暈吧？誇獎要相互捧場。

但是誇獎也不能生硬，不能流於表面，要誇得讓人有記憶點。

誇獎別人有兩個迷思，一個是流於表面，一個是過度誇獎。流於表面的誇讚激不起對方內心的波瀾，尤其對於一些優秀的人來說，他們已經對誇獎免疫了，就像籃球運動員聽慣了別人說自己高一樣。過度誇獎會讓對方的偶像包袱越來越重，慢慢地不再用自己的真實面貌和你相處，久而久之便開始在你面前擺架子，變得很裝模作樣。

下面有幾個訣竅，能夠幫助你有智慧地誇獎別人。

① 肯定對方的缺點

你可能會覺得奇怪，缺點為什麼值得肯定？肯定對方的缺點並不是讓你去「審醜」，而是話鋒一轉，**從另一個角度解讀對方很在意的缺點**。肯定對方缺點的誇獎，會讓對方和你相處時感覺更真實，從而坦誠地與你相處。這種誇獎能夠讓你在對方眼中變得與眾不同。

比如一個女孩的身材微胖，她總是對自己的身材感到自卑。如果你是她的伴侶，你會怎麼接話？

回答往往分為三類：

回答一：「你一點都不胖，你很瘦的！你身材很好！」這種回答顯然太假，屬於硬誇，會讓對方覺得非常虛偽。因為當一個人認準自己有此缺點時，別人的硬誇都只是欲蓋彌彰。

回答二：「你胖無所謂的，我不介意找個胖一點的女朋友。」這樣的回覆同樣不可取，因為根本沒有肯定對方的缺點，這種回覆一方面在告訴對方「你的確很胖」，另一方面在變相彰顯自己的大度和包容，帶有一種居高臨下之感。

正確的方式是把對方的缺點變成優點。

回答三：「什麼叫胖？每個人對胖的定義都不同，你只是對自己要求很高而已。我和你的想法不同，我覺得你的身材很和諧勻稱，很有韻味，你完全沒有必要自卑，誰會喜歡骨瘦如柴的人？」這種回答才叫肯定了對方的缺點。聽到這樣的話後，女生的自卑頓時一掃而光，心情也豁然開朗了。

再比如一個男生從小父母離異，他是被爺爺奶奶撫養長大的，非常缺乏親情，也因此對自己的出身感到自卑。如果你是他的女朋友，你會怎麼說？

錯誤的發言是：「你父母離婚沒什麼，我不在意。」這樣說完後，對方的心結還在，困境仍未消除。

聰明的發言是：「你的出身都是過去式了，不會影響我們的未來。我覺得你很好，你的經歷會讓你變得更在乎家庭的價值，也會變得更加可靠與貼心，因為我已經感受到了。」

人總會對自己的缺點遮遮掩掩，如果你學會了肯定對方的缺點，對方就會在你面前表現得非常放鬆，從而對你卸下防備、減少偽裝、坦然相對，最終成功拉近你們之間的距離。

好的感情，就是和對方在一起很舒服。**舒服是關係穩固的前提，而會說話就能實現這一前提**。

② 誇獎要具象化

誇讚對許多人來說並不是難事，難的是沒辦法具體地講下去。一問到細節就卡住了，那是因為誇獎太過空泛了，沒有任何實質的內容。就像說別人「你人很好」，這樣的誇獎沒有任何意義，好像在給別人發「好人卡」。

越好的關係，越忌諱泛泛的誇獎。空泛的誇讚很多時候只能帶來尷尬。面對在乎的人，誇獎一定是與眾不同的，即需要誇到細節，要讓對方能感受到你的用心。

比如你的心儀對象穿了一件好看的T恤，你會怎麼誇？如果你只說一聲「蠻好看的」，那誇與不誇都沒什麼區別；但如果你說「T恤上面的圖案好特別，我覺得你的審美點很高級，你很有藝術氣質」，那麼對方一定會喜笑顏開。

你所誇讚的對象，不僅僅是T恤，更多是在誇他本人。**你的誇讚越細緻，就顯得越真誠**。

有些人會說：「我不知道怎麼誇得細緻，我根本沒有時間去注意。」但如果你連注意對方的耐心都做不到，又憑什麼讓對方注意你呢？你連觀察都不願意觀察，如何和別人有正向的交流？「找不到細節」和「不想找細節」是兩種截然相反的態度。

如果你願意觀察，但觀察力確實不夠細緻，那就試著留意對方的明顯愛好。**無論是什麼人，都一定會有自己熱愛的事情，他會把大量的時間投入這件事上，這件事就是你的切入點**。

你只需要留意對方的大把時間都花在哪裡就夠了，這個完全不難。任何人都渴望被肯定、被信任。你只需要抓住這個心理，便可以在關係中遊刃有餘。

例如，閨蜜最近迷上了烘焙，週末總愛琢磨各種甜點，你可以稱讚她手藝好，自己也跟著解饞了。同事小李最近加班頻繁，為了完成一個大專案，常常忙到深夜。你可以在團隊會議上提道：「小李這段時間真的辛苦了，總是最後一個離開辦公室。她的努力和付出我們都看在眼裡，專案能這麼順利推進，她功不可沒。等專案結束，我們得好好聚一聚，讓她能放鬆一下！」這樣的表達既肯定了她的工作成果，也體現了團隊的溫情和關懷。

人都喜歡和自己信任的人聊天，當你能誇到對方心坎裡時，才真正實現了聊天中的正向效應，你也真正走進了對方心裡。

③讓別人幫你個忙

讓別人喜歡你，最好的方法不是去幫助他們，而是讓他們來幫助你。對方越幫助你，成就感就越強，從而越願意繼續幫助你。這就是著名的「**富蘭克林效應**」（Ben Franklin Effect）。

在生活的點滴中，我們常常會發現，那些看似不經意的小麻煩，其實正是構建深厚關係的祕密武器。與強者交朋友，也不例外。

想像一下，你在工作中遇到了一個難題，而恰好你身邊的同事是個行家。這時，不妨走過去，微笑著說：「嘿，這個問題我有點拿不準，你能指點我一下嗎？」這樣的小請求既不會讓對方感到壓力，又能自然地拉近你們之間的距離。

同樣地，在生活中，你也可以邀請對方一起參加一些輕鬆的活動，比如一起喝咖啡、看電影，或者散步時聊聊近況，這些**看似無關緊要的「麻煩」，其實都是加深彼此瞭解的好機會**。

與強者交往時，不要害怕展現自己的不完美。當你遇到挫折或困惑時，不妨向他敞開心扉，分享你的感受與經歷。這樣做不僅能讓對方感受到你的真誠與信任，還能讓他看到你的成長與進步。

當強者給予你幫助時，一定要記得回饋與感恩。這不僅僅是說聲「謝謝」那麼簡單，更重要的是，要讓他感受到你的感激之情是真誠的。你可以透過一些小事來表達你的謝意，比如為他準備一份小禮物、寫一封感謝信，或者在他們需要幫助時伸出援手。

不過這種「請教」是需要掌握頻率和難易程度的，請教的事情不要太多，否則對方會認為你是在索取。請教時提出問題即可，不要附帶過多情緒。請教還需要有回饋，不然就成了攀交情。你回饋得越多，他投入的動力越大；他的動力越大，投入就越多。

如果你和對方能力相當，那麼你的請教會讓他得到更大的成就感。請教對方為自己辦事，能夠讓對方這麼想：「你那麼厲害還有解決不了的問題，而我能幫你解決，這表示我在你眼中有很大的價值。」之後你們的感情必定能再進一步。

④要進行正面回饋

什麼叫作正面回饋？很多人都不理解。其實答案很簡單，就是**多搜集你們兩人相處時好的一面，繼而進行一種正向的回饋**。

比如一個女生給男朋友傳了訊息，但對方一整天都非常忙，直到晚上才回覆。這件事有兩種解讀，也有兩種演變結局。

第一種是負面的。女生會覺得對方晚回訊息是不愛自己的表現，於是陰陽怪氣地挖苦道：「還知道回？我還以為你死了！」「你還不如不回！」「繼續忙去吧，以後都不用回我了。」這樣的負面回饋是很愚蠢的，對方看到後會很不開心，他原本平靜的情緒會立刻變得陰沉。對方總得到這樣諷刺、挖苦和陰陽怪氣的回饋，以後就不會想要和她繼續交流了。

另一種是正面的。女生認為對方即便忙了一整天，也還是能在忙完的第一時間回覆自己，這表示對方心裡有自己，重視自己、在意自己，於是誇獎他、關心他。這些誇獎和關心就是對對方的正向回饋，對方會因此感到開心。

下次不論再怎麼忙，他在看到女生的訊息後都會及時回覆，因為他在這一過程中嘗到了甜頭。

這種正面回饋在生活中隨處可用。

當你的另一半去外地出差後，為你帶回來一個禮物，但你並不喜歡這個禮物，你會怎麼回應？

負面的回饋是直接開始抱怨：「我們在一起這麼長時間，你不知道我喜歡什麼嗎？買給我這麼醜的東西，你的審美觀真不好！」對方聽到這樣的回饋會覺得非常委屈，因為自己的一腔熱情被貶低得一文不值，以後便再也不願帶禮物回來了。

正面的回饋是肯定對方的行為。對方能夠帶禮物回來，表示心裡記掛著你，這是愛你的證據。你要鼓勵、要感謝，這樣他會越來越喜歡買禮物給你。一個能給男生提供高情緒價值的女生，是懂得透過正面回饋，來強化對方的正向行為的。

對方是否愛你、有多愛你，取決於你怎樣定義他。你定義他「不愛你」，那麼他會越發不愛你；你定義他「深愛你」，那麼他就會願意不斷放大愛你的行為，**對方會因為你的投入，而為你投入**。

⑤讓對方覺得自己獨特

①「**第一次**」。當你和朋友們分享日常時，不妨試著加入「第一次」的元素。比如，「這是我第一次嘗試做這道菜，你們覺得怎麼樣？」或者「今天是我第一次騎共用單車上班，感覺還蠻新鮮的。」這樣的表達，雖然只是簡單的陳述，但「第一次」這三個字卻蘊含著嘗試與探索的勇氣，以及表明分享對象是特別的。它讓聽者感受到你對這次經歷的重視，也讓他們覺得，自己在你心中有著獨特的地位。

②「**我從來沒有**」。在心理學領域中，想要拉近和別人的距離，需要「自我暴露」。你暴露自己的生活困境、家庭煩惱、隱私祕密，就是在拉近你們的關係。在加深友情或與同事的關係時，適時地表達「我從來沒有……」的語句，能

夠迅速拉近彼此的距離，比如「這件事我從來沒有和別人細說過，但今天想和你聊聊我的想法。」這樣的話語透露出你對對方的信任與依賴，讓對方感受到被重視和被需要的感覺。它打破了人與人之間的隔閡，促進了更深入的交流和理解。

③「**為了你**」。當你為朋友準備了一份生日禮物，對方表示感謝時，你可以微笑著說：「沒關係，為了你我願意。」對方必定喜不自勝。不要覺得這些話羞於啟齒，如果你實在不好意思說，也可以換成用英文來表達。

以上表達沒有固定的模式，更沒有強制性，你要去尋找最適合自己的話語，然後在適當的時候，根據實際情況靈活運用。比如在家庭聚會中，你可以對長輩說：「自從您教我做了這道菜後，我發現自己越來越喜歡下廚了。」聽到這樣的話，對方必定會很高興。

這些表達不僅適用於你的伴侶，也適用於各種社交場合。不過在對他人使用時要有心理界限，不要對素昧平生的人過度使用，以免弄巧成拙。

記住，**不要吝惜自己的讚美。想要實現聊天中的正向效應，讚美必不可少。**

有時候，有些人對普通朋友很善於誇獎，對自己的戀人卻吝嗇讚美，認為誇另一半會讓對方「飄飄然」，甚至覺得誇獎對方就是在自我貶低，這是很嚴重的認知迷思。

價值是多方面的存在，不會因幾句誇獎就降低。你提供情緒價值給對方，對方也會給予等價的回饋，你的付出都會有回報。所以，先把自己的心態放平，心態平穩了，才能在社交中穩定發揮。

此外，如果你還是不懂如何誇獎別人，可以回想別人是如何誇獎你的。別人的哪句誇獎讓你印象深刻？仔細回味一下對方是怎麼誇獎你的，又誇獎了什麼，然後把這種方法應用到別人身上。當學會這一切時，你就會成為一個聊天達人。

因應不同情感階段，溝通方式大不同

很多人總是抱怨另一半突然跟自己沒話說了，抑或是覺得對方哪裡和從前不一樣了，於是懷疑對方不再愛自己。

其實有時問題並沒有如此複雜和嚴重，**有時你與對方發生不愉快，並不是感情出現了問題，而是你們正在過渡到下一個感情階段**，所以從前的那套相處方式不再適用，但你還在用上個階段的相處方式和對方相處，矛盾自然隨之產生。

那些幸福的情侶之所以感情穩定，就是因為他們摸索出了一套獨特的溝通方式，能夠適用於各個情感階段。所以，我們都應該及時察覺自己的這份感情正處於哪一階段，從而用最適宜的方式進行溝通。

熱戀期：把醜話說在前

在戀愛初期，雙方都覺得對方是完美的，會不自覺地給對方貼上很多美好的標籤，甚至會盲目讚揚對方，對對方的缺點視而不見。任何一方犯了錯，另一方都能置之不理，原諒好似沒有任何成本。

其實這是不對的，這個階段忽略的問題越多，未來可能暴露的矛盾也就越多。我們在戀愛初期應該保持理智，平和地與對方交談，不能只是談情說愛。如果你想和對方走得長遠，就要在這個階段說出自己的不足，同時也要指出對方的問題，繼而和對方共同解決。

不要害怕指出問題會影響關係，在戀愛初期指出問題，最容易得到對方的包容和理解，也最容易得到萬全的解決辦法。

比如你可以和對方說：「我不知道我在你的眼中是怎樣的存在，但是我想負責任地告訴你，我是一個有些小氣，還比較愛發脾氣的人，從前也因為這一點和前任鬧了很多不愉快。但在與你的關係中，我願意盡力改正自己的缺點，也希望你能夠包容我這一點，我一定會慢慢改進的。」這樣的話語等於給對方打了一劑預防針，可以讓他欣然接受，也會讓他有心理準備。在未來面對此類情況的時候，你們雙方都能因此做出相對理智的決斷。

戀愛中期：要懂得報備，讓對方獲得安全感

戀愛中期，雙方熱情都在減少，從前依靠荷爾蒙維持的激情在慢慢消退，雙方的隔閡與不信任卻在增加。絕大多數情侶，在這一時期都會面臨的問題就是相互猜忌，因此分手的機率非常大。

相互猜忌，源自安全感和信任感的缺失。這一階段中雙方應該做的，是能讓對方產生安全感的事情。**報備就是一個很好的選擇**。你做什麼，其實沒有必要都告訴對方。但為什麼還要報備呢？因為報備能給對方安全感，會讓對方覺得自己

在你心裡很有分量。你向對方報備，對方自然也會向你報備，於是你們對於彼此的信任會越來越多，從而促使你們的關係變得穩定與和諧。

穩定期：需要培養共同愛好

戀愛穩定期的雙方默契度在增加，但新鮮感也在消退，兩人好像沒什麼能夠一起做的事情，也沒什麼可溝通的話題。在這時，培養共同愛好是必要的。**培養共同愛好會豐富你與對方的精神世界，也會增加你與對方的共同話題**，從而促使兩個人的生活變得更有色彩。精神世界趨於一致的愛情，會幫助你們挖掘生活中更多的美好。如果對方愛看書，你也可以和對方看同類型的書，從而與對方交流觀點；如果你喜歡吃某種美食，可以讓對方跟你一起嘗試這種美食，從而讓對方感受你的愉悅。

你需要及時察覺你與對方的感情正處於哪一階段，然後用最有效的方式與對方相處，從而為你們的情感增添幸福的砝碼。

CHAPTER 3

情感投入：有分寸地付出，換來最理想關係

愛就意味著用心靈去體會別人最細緻的精神需要。

——蘇霍姆林斯基

相信大家都玩過丟沙包的遊戲。我扔過去，你接住；你再扔過來，我再接住。

感情，其實就像一場丟沙包的遊戲——你我之間，有來有往。你對我有好感，我對你有興趣；我主動聯繫你，你積極回應我。我對你很好，你也對我體貼；我尊重你，你也尊重我；你投入，我亦投入……。於是就這樣，兩人一來一回地，不斷地把「沙包」丟給對方。

想要玩好丟沙包的遊戲，一定要兩個人積極參與，一旦有一方是消極的、不情願的、敷衍的，那麼沙包丟出去後便不會再回來，遊戲由此被迫中斷。感情的投入也一樣。

投資「情感帳戶」，是經營關係的智慧

任何關係和感情，在某種意義上都可視為一種合作關係。只有雙方持續合作，關係才能繼續。對方投入，自己卻完全不投入，那麼關係便無法進行下去。反之，自己全身心投入，而對方完全沒興趣，那麼關係也無法建立和維持。有個概念叫「感情投入」，很多商業合作也是如此。

阿德勒心理學的一個核心觀點是：「人的一切煩惱都源於人際關係。」這句話如同一面鏡子，映照出我們內心最深處的掙扎與渴望。試想，若這世間真的只剩下自己，煩惱或許真能煙消雲散，但那樣的存在又何嘗不是另一種形式的荒蕪？因此，構建並維護良性的人際關係，成了我們通往幸福生活的必經之路。

情感帳戶的投資哲學

《與成功有約》中有這樣一個故事。一位樸實的農夫意外獲得了一隻神奇的鵝，牠每天都能產下一枚珍貴的金蛋。

起初，他滿心歡喜，珍惜這份意外的財富。

然而，貪婪逐漸侵蝕了他的心靈，他渴望一次性獲得鵝腹中所有的金蛋，最終親手殺了鵝，毀了這份寶藏。金鵝不在，金蛋也就無從談起。

這個故事不僅僅是關於貪婪的警示，更是對人際關係投資的深刻隱喻。在人際關係的世界裡，我們每個人都是那位農夫，而情感帳戶則是我們與他人之間信賴與安全的寶庫。只有不斷投入，細心呵護，才能期待它源源不斷地回饋溫暖與支持。

持續投入：讓餘額不斷增長

情感帳戶存的是信任。任何關係都是做出讓對方感到舒心、安心的行為，就相當於往帳戶裡存錢；相反，忽視對方的感受或者做出傷害對方的事情，就是從情感帳戶裡取錢。

關係是動態的，不是恆定的。什麼意思呢？如果不存錢，每一次相處都是在消費情感帳戶裡的錢，錢就會變少。當存錢的動作多於取錢的動作，這段關係才能變得富足。

怎麼「存錢」呢？

首先，小事上讓人信賴。

對於雙方的小約定或者小承諾，都要盡力做到。有些朋友走著走著就散了，其實就是在各種小事中消耗掉了感情。

我的一個來訪者找我諮詢，是因為一件外人看來很小的事，她因為上一份工作太枯燥，來到了現在的公司。剛到公司時，生性內向的她總是形單影隻。坐在自己座位旁邊的小A，經常會帶給她奶茶、點心、小零食，也會約著她下班一起吃飯，因此兩人成了特別好的朋友。小A很外向，也很愛社交，所以經常在週末時約她出去玩。但她每次答應後就後悔，約會時間到之前總是想盡理由推託。一兩次小A還接受，但時間一長，小A覺得她總是失信，便不再約她了。

在公司裡，小A也開始逐漸疏遠她。事實上，小A並非刻意冷漠，只是因為週末約別人玩得多，上班時自然也與別人有更多話題。來訪者因為小A的遠離很鬱悶，甚至想要辭職，逃離這個環境。

在情感帳戶中，每次的禮貌相待、坦誠交流、仁慈之舉和信守承諾，都是「存款操作」。這些看似微不足道的日常行為，實則在為關係的長久穩固添磚加瓦。

其次，日常表達善意。

每天花幾秒時間，給家人、朋友或伴侶傳個簡單的問候訊息，比如「早安」、「今天怎麼樣？」這樣的問候雖然簡單，但能讓對方感受到你的關心和在意，就像在情感帳戶裡存了一筆小小的存款，雖然不多，但日積月累，就會成為一筆可觀的財富。

最後，傾聽比表達更能「存錢」。

當我們和朋友或家人交流時，往往更習慣表達自己的想法和感受。但很多時候，對方更需要的是一個傾聽者。

所以，不妨在對方說話時多給予一些耐心和關注，認真傾聽他們的心聲。傾聽會讓對方感受到被尊重和被理解，從而加深你們之間的情感聯繫。

謹慎取款：守護每一分情感

李明和王麗曾是職場上的黃金搭檔，他們共同奮鬥，配合默契。然而，一次緊急專案的到來，悄然改變了這一切。

在專案壓力下，李明變得急躁，他開始單方面決策，甚至在會議上粗魯地打斷王麗的發言。這一行為，讓王麗感到被輕視，但王麗還是試著理解他。

接著，為了趕進度，李明擅自更改計畫，導致王麗的工作白做。面對王麗的質疑，他非但沒有歉意，反而用威逼的語氣要求她服從。

最終，在一次關鍵彙報中，李明因個人疏忽忘記了重要細節，導致團隊失誤。王麗對李明的信任崩塌，她開始與他保持距離，不再主動合作。團隊氛圍因此變得緊張，昔日的默契夥伴如今形同陌路。

關係中的每次粗魯、輕蔑、威逼與失信，都是對情感帳戶的透支。它們像無形的利劍，悄無聲息地傷害著彼此間的信任與默契。

我們最常犯的錯誤就是：對越親近的人，態度越敷衍。

害怕合作不成，我們在跟合作夥伴的相處上，總是想著投其所好；害怕工作不保，我們在面對主管時習慣謹小慎微。但面對親近的人時，我們會放鬆對自己的要求，言行上更加自我、隨意，對對方的感受也逐漸失去耐心和關注。在對方傾訴時，我們總是先指責，沒有耐心傾聽。親近的人彷彿永遠不會離開，親近的關係也彷彿不需要維護就能永恆堅定，但經年累月肆無忌憚的消耗，終究會讓自己失去一段段親近的關係。

有效投入：讓你的每一次付出都有收穫

那麼問題來了，怎麼來判斷投入的程度呢？這就涉及有效投入的問題了。

在探討感情中的投入問題時，不得不提及一個心理學中的經典現象——「沉沒成本謬誤」，即人們會因為已經投入了大量時間、精力和情感，而不願輕易放棄，即便這種投入並未得到相應的回應或珍惜。

這種現象在感情中同樣有所體現，尤其是當一方過度投入，而另一方態度相對淡漠時。這種不平衡的狀態，往往導致投入多的一方感到被忽視，甚至被利用，而接受方則可能因習慣了，漸漸忽視對方的付出，認為一切理所當然。

想像一下，你特別喜歡吃蘋果，每天都買一大袋回家，但家裡其他人可能並不那麼愛吃，只是偶爾才吃一個。這時，你可能會覺得有點失落，因為你覺得自己的付出沒有被珍惜。在感情裡也是一樣，如果你總是為對方做很多事，對方卻很少回應你的付出，你會覺得自己的好意被浪費了。所以，我們要記得，感情是兩個人的事，需要雙方一起努力，而不是一個人拚命付出。

有效的投入並非盲目地給予，而是在對對方的需求深刻理解的基礎上，精準投放。它要求我們在感情中具備敏銳的洞察力和同理心，能夠準確捕捉到對方未言明的渴望與需求，並以最恰當的方式予以滿足。這就像用最小的力氣去推動一個大輪子。比如，你知道對方工作很累，晚上回家時，你不需要做一頓滿漢全席，只需要泡一杯熱茶，或者給對方一個溫暖的擁抱，就能讓對方感受到你的愛意。

這就是用「最少的投入」滿足對方「最大的需要」。在感情中，我們要學會觀察和傾聽，瞭解對方真正需要的是什麼，然後給出最貼心的關懷。

有效投入的核心在於「品質」，而非「數量」。它強調在有限的資源下，透過高效的理解與溝通，實現情緒價值的最大化。

不掉入低價值陷阱，做關係裡淡定的一方

在關係裡，**情緒價值是滋養關係的養分，但你自身的價值是根基**。如果對方看不見你作為個體存在的自身價值，那麼即便你有本事提供再多的情緒價值，也難以換得對方的尊重。

對方會在乎你，或許因為你可以給予他情感上的回應和滿足，讓他感受到優越感。但價值交換才是關係的本質，如果你不具備自身獨特的價值，這一切只是鏡花水月。

「我喜歡的人不喜歡我。喜歡我的人，我卻不喜歡他。」很多人都有這樣的煩惱。是什麼導致了這種情況的發生？**原因就在於，你對不同的人展現出**

自己的不同狀態。

在不喜歡的人面前，你表現得落落大方、恣意灑脫。你美麗而又自信，即便你的這種表現不是刻意的，也在對方心裡構成了極大的吸引力，對方將你視為高價值的「女神」。你越是如此，對方就越對你沉迷。

而在你喜歡的人面前，一切都顛倒了過來。瀟灑自信的人成了對方，你卻變得畏首畏尾、如履薄冰，你的驕傲盡失，甚至變得很沒有原則，無條件地討好對方。對方越興致缺缺，你越精神內耗。

在這種微妙的對比之下，價值差異悄然顯現。面對不甚喜歡的人，我們自然而然地保持著一種適度的距離與分寸，這種自我約束，反而讓對方感受到一種難以言喻的吸引力；然而，在心儀之人面前，我們往往變得患得患失，過分關注對方的情緒與反應，這種過度的在意與緊張，不經意間可能削弱了我們在對方心目中的價值地位。

守住底線，就不會陷入失衡

經營關係的資本之一，便是高情緒價值。它源自對自我價值的深刻理解與堅持，在情感的海洋中，不隨波逐流，不輕易降低自己的標準與姿態。這樣，無論是何種關係，我們都能以更加平等、尊重的姿態去構建與維護。

很多優秀的人在面對心愛之人時，也會遇到這樣的情感挑戰。無論在事業上多麼成功、心智多麼成熟，遇到心儀之人時，人們總會不自覺流露出最純真、不設防的「小孩心態」。在跟自己的意中人相處時，也往往是理智讓位於情感。

情感的雙向性更是普遍而複雜。很多人都有這樣的體驗——自己喜歡的人拒自己於千里之外，自己不喜歡的人卻對自己百般上心。人們總是對得不到的心存躁動，對於容易得到的卻沒有興趣。這是普遍的現象，也意味著我們並非總能那麼幸運，遇到雙向奔赴的感情。人生，往往不是總能隨人願，感情當然也是如此。

我們要做的就是，學會在感情中提升自我價值，保持尊嚴。不論面對的是心儀之人還是其他人，都應保持那份由內而外的自信與風采，如同璀璨的鑽石，在任何光線下都閃耀出獨特的光芒。若因過度在意或妥協而失去自我，便如同將鑽石貶值為玻璃。

那麼，如何在任何人面前，都展現自己如同鑽石般閃閃發光的一面呢？答案很簡單，那就是**要守住自己的底線**，對喜歡與不喜歡的人都要一視同仁。這一點有些人顯然很難做到。他們很急切地表示：「不行，這樣的話對方就去找別人了！」

但這恰恰是掉進了低價值陷阱。一些人在面對自己喜歡的對象時，會選擇投入大量時間和精力，不管對方是否投入其中，自己早已淪陷。**低價值陷阱本身就是一種「失衡」，很多人就是這樣在關係中栽跟頭的**。

即使想要贏得對方的青睞，我們也不應該降低自己的價值，突破自己的底線。對待所有人都要一視同仁。不要因為喜歡一個人就打破底線，也不要因為對方很優秀就委曲求全，更不要讓自己在任何一段關係裡顯得過於廉價。

找機會「麻煩」對方，是促進關係最好辦法

想讓對方離不開你，你需要讓對方投入。

對方是否重視一段關係，要看對方對這段關係的投入成本有多少。對方對這段關係投入的時間、精力與金錢越多，他便會越想持續這段關係。

有一則給女生的勸告是：即使你的結婚對象家庭條件不好，也不要因此省略你們的結婚步驟——不能出國拍婚紗照，就在國內拍；沒有足夠的錢宴請四方，就簡單聚餐一番……，真正的儀式感不在於排場大小，而在於對承諾的珍視與尊重。必要的儀式必須有，這會提高對方對這段婚姻的背叛成本。

投入越多，切斷這段關係的代價就越大。對方對你越投入，想要繼續維持這段關係的動力就越強。

在感情中，適當地「麻煩」對方，其實是一種增進瞭解、加深感情的有效方式。這裡的「麻煩」並非無理取鬧或過分依賴，而是在合理範圍內請求對方的幫助，或讓他參與自己的生活。如果你想要跟一個人建立起好的關係，那麼**找機會「麻煩」對方，是增進感情的好方法**。關於這點，我們可以從「認知失調」和「沉沒成本」兩個心理學理論來解釋。

創造「越喜歡，越投入」的正向循環

首先，「**認知失調**」指的是當人的看法和行為不一致時，人會感到壓力，而這種壓力會促使人去減少這種不一致，要麼從認知層面行動，要麼從行為層面行動。比如隨著交往，個體會產生「原來他還挺幽默的」、「原來他也沒我想像的那麼糟糕」等新的認知，而這些認知會促使個體對對方接下來的行為進行更合理的解釋，這些解釋會促進感情升溫。

其次，「**沉沒成本**」指的是人在做決策時，會受到自己過往投入的時間、金錢、精力等因素的干擾，對先前投入的事情表現出更強的繼續投入的意願。這也是很多人跟談了多年的對象分手後，久久無法釋懷的原因，他們會覺得「過去七八年的感情說沒了就沒了」。兩個並不那麼投緣的男女試著相處一段時間後，往往會抱著「都接觸這麼久了，要不再試試看」的想法，繼續這段關係，以避免前期的投入浪費。

兩個一開始並沒有感情基礎的人都會這樣，就更不用說兩個兩情相悅的人了。這便是所謂的**「越喜歡，越投入；越投入，越喜歡」，這是一種正向循環**。

美國有一任總統叫班傑明·富蘭克林，當時富蘭克林在政府任職，他的一個政敵對他充滿敵意，兩人的關係很糟糕，彼此對對方視而不見，見面從不說話。有一次，富蘭克林無意中聽說，政敵家中有一本很稀有的書，於是他便寫了一個字條給政敵，請求對方借給自己這本書，對方欣然同意。富蘭克林在閱讀完畢後將書歸還給政敵，並表達了感謝。從此，當兩人再見面時，政敵開始禮貌地和富蘭克林打起招呼，後來兩人漸漸成為很好的朋友。

為什麼會有這樣的情況發生呢？

這就是一種認知方面的自我調適。有時想讓一個人對你有好感，並不需要你去幫助他，而是要讓他去幫助你。

這種現象被稱作「富蘭克林效應」，指相比那些被你幫助過的人，那些曾經幫助過你的人，會更願意再幫你一次。

換句話說，**想讓別人喜歡你，最好的方法不是去幫助他們，而是學會「麻煩」對方，讓他們來幫助你**。總之，主動開口是沒壞處的。

有時候，我們可能會覺得不好意思去麻煩對方，怕給對方添麻煩。但其實，在感情裡適當地「麻煩」對方，反而能讓感情更好。比如，你可以請對方幫你修電腦，或者一起組裝書架。在這個過程中，你們會有更多的交流和互動，也會更加瞭解對方的能力和性格。更重要的是，這種「麻煩」會讓對方感受到你對他的信任和依賴，從而更加珍惜你們之間的感情。

情感投入3原則，讓彼此更舒服自在

在一段關係裡，如何保證精準投入呢？如何確保自己的每一分投入都恰到好處？這就要涉及情感投入的三個原則了。

美國社會心理學家舒茲（William Schutz）提出了著名的「人際關係三維理論」，他認為每個人在人際交往中都有三種基本需要：**包容需要**、**支配需要**和**情感需要**。在任何關係裡，只要你能夠滿足對方的這三個基本需要，你的關係之道就不會出大問題。

①包容不是無底線地縱容

包容，不是讓你成為無原則的老好人，而是**面對對方的行為，用低預期心態，面對對方的情緒和需求，以高共情**。

低預期的意思，就是要求你在跟人打交道時，減少先入為主的期待。如果你跟伴侶相處時，總是抱著「我不說，難道你就不知道嗎」的期待，那很難不失望。一旦你產生了失望情緒，就會在接下來的互動中表現出來，受情緒左右做出傷和氣的事情來。

例如，紀念日到了，如果你期待的是鮮花、蛋糕、禮物和燭光晚餐，那麼對方在任何一個環節上沒做到位，都會讓你有情緒。但如果你的期待是對方記得紀念日，能夠空出時間來吃頓飯慶祝一下，那即使對方只帶著鮮花出現，你也會心花怒放。

不過，千萬不要陷入極端思維，**包容對方不代表你要無底線縱容對方**，委屈自己。你可以預設跟每個人相處的最低預期，如果低於這個預期，就表示對方觸犯了這段關係的相處原則，也代表這段關係並不是值得經營的。

②強勢會成為關係的殺手

小米曾是公司裡雷厲風行的女強人，她的才華與努力讓她在職場上屢獲佳績，光環加身。然而，這份成就感卻悄然間在她心中種下不平等的種子。回到家中，她不自覺地將職場上的強勢作風，帶入了與老公的關係之中，期望事事都能由她主導決策。

起初，老公出於對小米的愛與尊重，選擇了包容與退讓，以為這只是暫時的現象，她會隨著時間慢慢調整。但隨著時間的推移，小米的強勢非但沒有減弱，反而越來越像一股無形的壓力，讓老公感到窒息。他的話語被忽視，意見被擱置，每一次嘗試溝通都被視為挑戰權威，兩人的心因此漸行漸遠。

老公開始意識到，這種不平等的關係並非他所嚮往的伴侶關係。於是老公提出想要好好溝通，但這在小米眼裡又成了「沒事找事」、「挑戰自己」。最終老公提出分手，退出了這段讓自己感覺憋屈的關係。

在小米的世界裡，職場的成功讓她習慣了掌控與決斷，這種慣性思維悄然滲透至她與老公的私人空間。小米未能意識到，家不是戰場，無須以勝負論英雄。老公的退讓並非出於真正的接納，而是出於對愛的妥協，這種妥協逐漸累積成無形的壓力，最終導致了關係的破裂。

在親密關係中，任何一方若試圖戴上「強勢」的王冠，企圖凌駕於對方之上，最終只會鑄就一副沉重的枷鎖，將彼此緊緊束縛，直至關係消亡。強勢的人或許能在短時間內產生征服他人的錯覺，但與強勢的人長久相處，卻如同行走在峭壁之上，稍有不慎便會粉身碎骨。**真正的平等並非簡單的權力或資源均分，而是一種深刻的情感共鳴與相互理解**。它要求我們在關係中摒棄「強勢即魅力」的誤解，轉而追求一種基於尊重的協作模式。

在每一次對話中，我們都應學會傾聽對方的聲音，重視對方的想法；在每一次決策中，我們都應共同商議，尋求共識；在每一次分歧中，我們應相互妥協，尋找雙贏的解決方案。這樣的關係，才能讓雙方都能感受到被重視、被尊重，從而激發更深層次的情感聯結。

③讓對方從關係中感受到自己的美好

對方誇你好但你感受不到，和對方讓你感受到你自己是好的，這兩種，你會更喜歡哪種？如果你不知如何回答，那麼看看下面兩個場景。

場景一：晚餐時

妻子說：「今晚我做了你最愛吃的紅燒肉，還特地學了一道新菜。」

丈夫微笑著放下手機說：「哇，看著就讓人食欲大增，辛苦你了，親愛的。」

場景二：家務時

妻子疲憊地走進客廳，對正在看電視的丈夫說：「我今天加班到很晚，回來還要收拾屋子，真的好累。」

丈夫頭也沒抬地說：「你又不是不知道我也很忙，休息一下再做嘛。」

這兩個場景，如果你是妻子，你更喜歡哪一種？應該是第一種吧。在第一個場景中，丈夫透過積極的回饋，加深了與妻子的情感連接；而在第二個場景中，缺乏情感回應，則讓妻子與對方有疏離感。人都渴望被看見、被回應，這是人類的一種基本需求。如何在生活中實現有效的情感回應呢？

你可以套用**非暴力溝通**的表達範式。

非暴力溝通就是用愛去說話的藝術。這個方法並不複雜，主要包含四個簡單的步驟：

①**說事實，而非評判**：比如用「我看到沙發上堆滿了衣服」，代替「你總是這麼亂丟東西」。

②**表達感受**：直接說出自己的內心體驗，比如「我覺得有點沮喪」，讓對方知道你的情緒狀態。

③**講出需要**：指出哪些需求沒有得到滿足，比如「我需要我們能一起分擔家務」，明確表達你的期望。

④**提出請求**：用請求的方式而非命令的語氣，比如「今晚你能幫忙整理一下客廳嗎？」這樣更容易得到積極的回應。

想像一下，如果第二個場景中的丈夫能這樣跟妻子說：「真是辛苦你了，親愛的。我們家如此溫馨，你的付出最大了。來，你休息一下，剩餘的家務我來做。」這樣的表達，既表達了對妻子的理解和關心，也告訴了她，自己想和她一起努力維護婚姻。

在跟人打交道時，如果你懂得包容別人，追求平等交流，還擅長回應別人的情感，那你就是個人見人愛的高情緒價值的朋友了。這可不光是說說那麼簡單，你得從心裡接受自己的不完美，也得尊重別人的不同。這樣一來，大家聊得開心，關係也能迅速拉近。**做個高情緒價值的人，就是讓自己和別人都舒服的人**。

聰明的人，從不幻想無條件的愛

在紛擾複雜的成人世界裡，我們常渴望尋覓如童話般純粹、無條件的愛。可是，都說婚姻是港灣，友情是充電站，那如果人們都來避風，都來充電，誰都不願意做港灣，做充電樁，關係怎麼運行下去？聰明的人深知，現實並非童話，無條件的愛雖美好卻難以觸及。**清楚關係裡有分量的「條件」有哪些，並透過自我提升，成為值得被有條件地愛著的人。這才是我們該有的選擇。**

提升自己，情感聯結會更穩固

成年人的世界，複雜性在於每個人

都在為生活奔波，承擔著生活的責任與壓力。因此，少有成年人會去做毫無回報的事情。

可能你會說，討好型人格就是無條件付出、不計回報的一類人。從心理層面的價值交換來說，討好型人格的取悅行為在於心理補償，也就是說，他們之所以取悅他人，是因為他們潛意識裡認為，這麼做可以帶來心理補償和想要的情感回報。

所以我說，純粹的無條件的愛雖尤為珍貴，卻難以尋覓。正因為無條件的愛太難得，情緒價值高的人才顯得彌足珍貴。人們更容易被那些能夠提供情緒價值、讓自己感到被理解、被支持的人所吸引。這種**吸引力本質上就是一種「條件」**，因為情緒價值高的人能滿足他人情感上的需求。

聰明的人都會認識到這一點，他們不將希望寄託在虛無縹緲的無條件的愛上，而是**努力提升自己的情緒價值，學會在關係中遊刃有餘地給予與接受，以此構建更加穩固和諧的情感聯結**。

這些「條件」能不斷完善自己

當我們談論有條件的愛時，並非意指愛情變得功利或膚淺。相反，這裡的「**條件**」，更多是指那些**促進關係發展的關鍵因素**。它們包括但不限於個人魅力、情感成熟度、價值觀契合度、責任心，以及成長潛力等。這些也反映了人性中對美好品質的追求與嚮往。

這些「條件」通常指的是以下幾個方面。

個人魅力加分項：不管是長得好看、性格討喜，還是有一技之長，這些都能讓你在人群中閃閃發光，充滿吸引力。

情緒穩定：誰也不想身邊有個「情緒炸彈」吧？能管理好自己情緒，還能給對方安慰的人，簡直就是關係中的寶藏。

三觀合拍最重要：俗話說，「話不投機半句多」，如果兩個人聊不到一塊兒，多待一分鐘都難受。因此，有明確且正確的三觀，可以幫你吸引有相似價值觀的同類。

有責任心：這點太重要了。無論朋友、伴侶還是同事，沒有誰不願意跟有責任心的人共處。每個人都渴望安全感，跟有責任心的人在一起，會給人帶來強大的安全感。

成長不設限：誰都喜歡跟積極向上的人在一起，因為這樣能讓自己也變得更好。

很顯然，這些「條件」並非一成不變，而是隨著個人成長與關係發展而不斷演變的。在這裡我想說，**一個聰明的成年人不僅要學習情感投入原則，將其用在與人相處上。更關鍵的是要懂得自我養育，把情感投入到自身成長上，不斷完善自己的「條件」，讓自己成為更有條件獲得愛和尊重的人**。

如何配得上有條件的愛？

我們要提升自己內在或外在的價值，只有這樣，才會透過價值匹配吸引到更優秀的人，在事業上實現突破圈層（編按：意指打破固有習慣的圈子），在愛情上遇到更優秀的伴侶，在孩子面前成為更有魅力的父母。

第一，自愛，由內而外地愛自己。

人生路上，誰不是一路摸爬滾打，各有各的苦楚？但聰明人懂得，最可靠的擺渡人其實是自己。別總等著別人來救你，你要學會愛自己，照顧好自己。當你開始自愛，你會發現，那些曾經困擾你的煩惱慢慢就變少了。你開始默默努力提升自己，學習新技能、培養新愛好，你就在悄悄變好。這樣的你，從內到外都散發著自信的光芒，自然能吸引那些懂得欣賞你的人。

第二，情緒穩定，不內耗也不外耗。

培養自己的愛好，用健康的方式疏散情緒，比如畫畫、唱歌或跑步。做一個不內耗，也不把負面情緒帶給別人的人。不內耗意味著不把小事放心裡，不外耗意味著不要讓別人後悔對你的善和好。你要能夠力所能及地給他人溫暖和支持，但不要委曲求全。

第三，善良但有底線。

善良是個好品質，但過度善良就容易變成「老好人」。善良也要有度，我們要有自己的底線和原則。我們要用心對待每個人，但也要堅決拒絕那些不合理的要求和傷害。這樣的你既不會讓人覺得冷漠無情，也不會讓人覺得好欺負。你的善良帶著鋒芒，讓人既敬畏又喜愛。

你需要做的，是明白自己的底線在何處，想一想自己最在意的點是什麼，不能觸及的領域是什麼，然後守好自己的底線。當對方一再在你的地雷區遊走時，你需要想出一個好的對策，以絕後患。如果你能做到這一切，就表示你形成了優秀成熟、自尊自愛的處事風格。

第四，培養自我責任感，告別依賴。

不管在哪類關係中，你都要懂得擺脫依賴心理，學會為自己負責。生活是自己的，你不能總是依賴別人來給你幸福和安全感。努力工作、賺錢、規劃未來，讓自己有足夠的底氣和能力去面對生活的風雨。這樣的你不僅能讓自己過得充實而精彩，也會讓身邊的人對你更加尊重和珍惜。

第五，在進步的路上，生活才充滿無限可能。

多少人的遺憾源自停滯與安逸？不少女性在步入婚姻後，選擇退出職場，全職顧家。而這份珍貴的奉獻往往被外界，尤其是部分男性伴侶所低估，他們認為相夫教子不過是瑣碎日常，忽略了其背後的辛勞與智慧。隨著時間流逝，婚姻中出現了裂痕，雙方的世界逐漸失去交集。

面對這樣的現實，自然應該指責那些看不到女性付出的男性。但是，女性朋友們，無論你選擇了何種生活軌跡，都應視其為自我成長的沃土。利用閒暇時光，積極探索未知領域，學習新知識，掌握新技能，這不僅是對自我價值的不斷追求，更是為生活注入源源不斷的活力與色彩。

當你每天都因學習而充滿好奇，因迎接挑戰而煥發熱情，你將以更加耀眼的姿態讓周圍的人刮目相看。記住，成長是一場沒有終點的旅行，它不僅能讓你成為更好的自己，也能引領你與世界產生更多共鳴，發現更多可能。

愛到失去自己，怎麼辦？

社會心理學中有一個概念叫作「**最小興趣原則**」（Principle of Least Interest），指的是在一段關係中，並不是投入越多的人越有話語權，現實恰恰相反，**投入更少、興趣度更低的一方，才掌握著更多話語權**。

情感關係中的失衡，往往是對「最小興趣原則」的反映。一方越迎合與妥協、越滿足對方的無理要求，輸得就越慘；冷漠的另一方卻手握「生殺大權」。如果一個人是價值感比較低的一方，還一味地降低底線，那麼只會讓這段關係更加失衡。

3步驟，調整失衡狀態

不對等的關係是長久不了的，隨時都有可能終止。付出不對等的情侶，之間的滿意度，遠不如付出對等的情侶。

那麼，如何讓失衡的狀態回歸平衡，繼而實現幸福感的回歸呢？

只需要分三步走。

第一，要自信。你要相信自己是值得被愛的，對方必須讓你快樂，你值得最好的東西，你不該平白忍受委屈。

第二，要勇敢。你要勇於表達自己的需求，從而追求屬於你自己的幸福。

第三，要堅定。管理學中有一個理念：雇人的時候要精挑細選，裁人的時候要快刀斬亂麻。如果對方不珍惜你和這段關係，那麼你要捨得離開，並且能夠果斷離開。

能夠做到這三點，失衡的狀態便會得到很大的調整。

捨不得，代價最大

你對關係的不捨，是對方得寸進尺的本錢。很多女生選擇不離開的理由都很一致：捨不得。但是，這種「捨不得」的代價往往很大。

有這樣一則真實的案例。一對情侶在一起已經十多年了，但一直沒有結婚。每次女生提出結婚的訴求時，男生都會找各種藉口推託，一拖就是十幾年。在這期間，女生一直為男生付出。女生知道對方的種種不堪，但從沒有選擇離開，因為她覺得自己在對方的身上傾注了太多心血，消磨了太多青春。

一個女孩的青春能有多少年？因為害怕失去對方，女生甚至未婚先孕，為對方生了孩子，想要以此抓牢對方。但可惜事與願違，男生並沒有因此重視這段關係，甚至還在外面找了個小三。女生得知此事後大發雷霆，徹底宣洩積壓多年的憤怒和委屈。但男生不僅沒有和小三分開，反而還更加親近，經常住在小三家，對女生不管不問。但即便如此，女生還是沒有選擇離開。

旁觀者清，大家都對女生的行為感到匪夷所思，哀其不幸，怒其不爭，覺得她瘋了。但當局者迷，女生自己又有很多聊以自慰的理由，比如放不下孩子、放不下這麼多年的感情、放不下自己逝去的青春，甚至搬出「我就是不離開他，就是要在他眼前轉，就是要讓他噁心，不讓他如意」這樣的藉口。

這個女生是一類女生的縮影，她們就是太過於沒有自己的底線。正確的做法是，在自己想要結婚，但對方找各種藉口推託的時候，就應該離開，因為這足以表示對方是一個油嘴滑舌、道貌岸然的人。這個時候離去，成本最低，損失最小。但可惜，案例中的女生沒有這麼做，她因為優柔寡斷浪費了十幾年的光陰。

一段有害的感情就像一片沼澤地，會讓你邁不開腳步，越陷越深，最終徹底無法自救。所以，在對方實現不了給你的承諾時就要抽身，否則你會越來越被動。不要再計較各項沉沒成本，因為那些都無法再回來，拖得越久你會越被動。

設底線，不在關係中委曲求全

感情中，雙方在投入上一定是「禮尚往來」的，就像我們之前說過很多次的那樣——「**你不是因為喜歡而投入，而是因為對方的投入而投入**」。對方對你投入的時候，你要給對方積極的回饋，讓他看到付出的努力有了回應，他才會更主動、更愉悅地為你付出。你看到了他進一步的付出，又會加倍愛他，你們因此形成正向的循環。

劃定底線的原則，不是你要比對方更不在乎這段關係，也不是要時刻讓自己處於一種能夠明哲保身、全身而退的狀態中。這樣做是無法獲得對方的尊重的，自然也得不到對方的投入，你也會因此變得不值得被善待。**劃定底線的原則，是你在充分尊重對方並付出的條件下，也獲得對方的尊重和付出**，不要總想著誰付出得多，誰付出得少。一切僅聽從內心的感受就夠了，你和你的另一半必須實現「合作」和「共贏」，也只有這樣，你們才能有更加穩定的感情和更好的未來。

如果實現不了合作，那麼是時候轉身離開了。沒有他，你會過得很好，你也可以和其他異性實現合作。在別人眼中，你的價值會更高。

請你做到：自信而又能守住底線，自愛而不委曲求全。

CHAPTER 4

情緒屏蔽：遠離消耗你的負能量，滋養自己

不要和豬摔跤，損失錢都要讓有毒的人滾出你的生活，越快越好。

——查理．蒙格

成為一個高情緒價值者，是為了在關係裡有進退自由的自主權。如果你想要經營這段關係，那麼你可以用各種方法和策略，將關係推入更美好的地步；但如果對方不值得，又或者一段關係的存在對你是消耗，而非滋養，那你也有能力果斷收手，讓自己抽離。所以，情緒價值高的另一個體現，是具有情緒屏蔽力，能屏蔽掉友情、愛情，或其他感情中會耗竭你的能量。

餘生很貴，速遠離情緒價值低的人

並不是所有人應該請進生命裡，也並不是所有闖進你生命的人，都值得善待和珍惜。

餘生很貴，請別浪費。無論交友、談情還是共事，都要遠離情緒價值低、消耗你的人。

根據以往的諮詢經驗，我總結應該盡量遠離如下這些情緒價值低的人。

①一味索取的人

生活中不乏這樣一類人，他們總是習慣性地向你伸手，無論是物質上的幫助還是情感上的慰藉，卻鮮少給予回報。長期的單向付出會讓人感到疲憊不堪，甚至懷疑自己的價值。

還記得《歡樂頌》裡的樊勝美嗎？她總是被家庭的重擔壓得喘不過氣，身邊圍繞著的是一味索取、從不考慮她感受的親人。這種關係就像一場沒有盡頭的消耗戰，讓樊勝美的笑容漸漸失去了光彩。在現實生活中，我們也要警惕那些寄生蟲般的朋友或親人，學會設定界限，保護自己不被無休止的索取所累。

記住，**好的關係應當是雙向滋養的**。

②負面情緒爆棚的人

「近朱者赤，近墨者黑」，情緒亦能傳染。那些總是沉浸在負面情緒中抱怨連連、消極悲觀的人，只會拉著你往負面情緒的坑裡掉。他們整天抱怨，好像世界末日就在眼前，一點小事都能讓心情糟糕透頂。

想像一下，你本來心情好好的，突然遇到這麼一個人，開始跟你嘮叨個不停，說這裡不好、那裡不對。聽多了，你是不是也開始覺得心情變差了？沒錯，這就是「情緒黑洞」的魔力，它能不知不覺地把你拉進黑暗的世界裡。

有「情緒黑洞」的人其實就像個沒長大的孩子，只知道索取安慰，卻不懂得給別人帶來快樂。儘管已經成年，卻還維持著兒童心智，認為自己就是關係的中心，別人有義務理解自己、共情自己、關心自己。他們一邊用負面情緒消耗著身邊的人，一邊嗷嗷待哺地索取對方的情緒價值。和他們在一起，你會發現自己變得越來越消極，對生活的熱情也慢慢消失。

在生活中，我們要多留意身邊人的情緒狀態。如果發現有人總是傳播負能量，那就試著減少和他們的接觸。同時，多和積極向上的人交朋友，讓自己的心情也跟著好起來。

③看人下菜碟的人

這類人擅長察言觀色，像自然界中的「變色龍」，能夠迅速根據周圍環境和交往對象的不同，調整自己的態度和行為。他們表面上圓滑世故，實則缺乏真誠與原則。與他們交往，你永遠不知道自己在對方心中的真實位置，這種不確定性會嚴重損害你的安全感與信任感。

想像一下，你有一個朋友，他在你面前總是笑容滿面，言語間充滿關懷與熱情。但當面對地位更高或更有價值的人時，他會為了自身利益而犧牲你。有這樣的朋友或枕邊人，是不是很可怕？

真正的朋友應當是無論貴賤與得失，能始終如一地待你的人。看人下菜碟（編按：比喻待人因人而異）的人難以託付真心，只能有福同享，難以共患難。如果你愛的人就是這樣的人，請不要僥倖覺得他是一個高情商的人，跟著他一定能夠少受苦、多借力、享大福。在大難面前，他可能會棄你自保。

如果發現身邊有這類變色龍一樣的人，應該儘快遠離或者減少接觸。

④習慣挑剔和指責的人

在我們的生活中，或許都曾遇到過這樣一類人，他們彷彿永遠帶著放大鏡，專注尋找他人身上的不足與瑕疵。小李的同事張姐就是這樣一位「挑剔大師」。每天，張姐總能找到各種理由挑剔小李的工作，無論是報告中的一個小錯誤，還是會議上的一個小疏忽，都能成為她指責的焦點。

小李一開始還努力改正，希望能得到張姐的認可。但隨著時間的推移，他發現無論自己做得多麼完美，張姐總能挑出毛病來。這種無休止的挑剔與指責，讓小李倍感壓力，自信心也受到了嚴重打擊。他開始懷疑自己的能力，甚至對工作產生了抵觸情緒。

習慣挑剔和指責的人就像一把無形的刀，不斷切割著別人的自信與熱情。他們似乎永遠不滿足，總能在別人的努力中尋找不足。與這樣的人相處，我們的心靈會承受巨大的負擔，難以真正放鬆和享受生活的美好。

因此，我們應該學會遠離這些「挑剔大師」，保護自己免受其害。在人際交往中，我們應該尋找那些能夠給予我們鼓勵與支持的人，與他們共同成長，相互成就。

⑤自戀的人

我們這個時代自戀的人是比較多的，大約每十多個人中就有一個。他們認為舞台中央的聚光燈永遠只照亮自己。**自戀的人往往過分關注自我，他們的話語中充滿了「我」的獨白，行為上則表現為對他人感受的漠視與忽視**。

以小王為例，他的室友小李就是一個典型的自戀者。每當小王分享自己的經歷或感受時，小李總是能迅速將話題引回自己身上，用相似的或更為誇張的故事來回應。在小李的世界裡，自己永遠是主角，而他人則成了可有可無的配角。這種無休止的自我展示與吹噓，讓小王感到疲憊不堪，甚至開始懷疑自己的價值。

自戀的人往往缺乏同理心，他們難以真正理解和關心他人的感受。與這樣的人相處，我們會發現自己被邊緣化，情感需求得不到滿足，甚至可能陷入自我懷疑的旋渦中。他們的自戀行為像一堵無形的牆，將我們隔絕在他們的世界之外，無法建立真正的情感聯結。

因此，為了保護自己的情感健康，我們需要學會識別並遠離自戀的人。在人際交往中，我們應該尋找那些能夠平等交流、相互尊重的夥伴，與他們共同構建健康、和諧的人際關係。只有這樣，才能避免陷入自戀的旋渦，享受健康的人際交往帶來的快樂與滿足。

自戀的人善於使用PUA[2]手段。即便你是情緒價值高的人，遇到一個自戀的人，他也會把你消耗得失去光芒。

如果你的愛人或朋友是典型的自戀型人格，那麼請看後文關於PUA的內容，懂得識別、遠離和反制。

2 網路詞語，多指在一段關係中透過言語打壓、行為否定、精神打壓的方式，對另一方進行情感操縱和精神控制。

找回自我意識，擺脫戀愛腦

「戀愛腦」這一概念通常指的是，在戀愛關係中過於情緒化、缺乏理性判斷或自我反省能力的人。在很多人的印象裡，總是把戀愛腦歸類到平庸者，甚至弱者的行列中，認為是戀愛腦的人大多自身條件很差，但其實並不是。許多高學歷人才、精英、行業翹楚也會進入戀愛腦的行列。他們外表光鮮亮麗，工作果斷沉著，好像戀愛的糾葛問題絕不會發生在身上，但他們就是在戀愛關係中會缺乏理性判斷。

人是否是戀愛腦，和自身的智力、學歷、能力等方面沒有關係。

一個人為什麼遲遲不願意離開，為

什麼會一直在錯誤的感情中徘徊？想要弄清這些問題，需要先明白人的決定是如何產生的。

人的決定是如何產生的？

第一，大腦額葉使人產生情緒，而情緒影響著一個人的決定。

我們的情緒來自大腦額葉。以女性為例，女性的大腦前額葉要比男性更為發達。這種差異化帶來的優勢就是：相比於男性，女性更容易覺察他人情緒的變化，以及生活中一些很微小的細節。這也就是我們常說的，女性的心思一般會比較細膩。

毋庸置疑，人需要感性，但是過猶不及。當感性凌駕於理性之上，個體便容易淪為情緒的奴隸，做出一系列缺乏深思熟慮的決策。這些決策有時伴隨著極端、偏執，乃至瘋狂，其背後正是情緒對決策過程的強烈干預。大腦額葉感受到極端情緒，並將其吸收以後，會給人的決策加碼，讓非理性的行為一觸即發。戀愛腦們便是被情緒牽著鼻子走了，因為他們在戀愛中幾乎不曾理性思考過問題。

第二，情緒又取決於人的狀態。

某種狀態會產生某種情緒，某種情緒又會導致某種行為，即情緒影響決策。當人面臨氣憤、疲勞、饑餓、孤獨等負面狀況時，往往會萌生不好的情緒，驅使人做出無法自控的事情。

戀愛腦的人在孤獨、失意、彷徨的時候格外思念對方，他們迫切地需要對方陪伴，於是哭著去挽留對方或尋求復合，即便對方再冷漠也堅持不懈。戀愛腦們就是這樣被情緒左右了自己的行為的。

所以，當自己無法控制情緒時，先不要急著做決定。先停下來冷靜一下，讓事態暫時「冰封」起來。繼而自我檢測一下：這件事我真的有必要做嗎？這件事真的很重要嗎？不這麼做就沒有其他解決辦法了嗎？只有掌控好情緒，你才能夠做個理性的人。

第三，人都存在本我、自我和超我，當這三者發生紊亂時，人就會做出不當

的行為。

佛洛伊德的精神分析法指出，人的意識分為三部分，即自我意識、本我意識、超我意識。

「本我」是人在潛意識狀態下的思想，代表思緒的原始程式——人最為原始的、本能的欲望，如饑餓、憤怒、性欲等。

本我是無意識、非理性、非社會化和混亂無序的。本我只遵循一個原則——享樂原則，追求個體的生物性需求，如食物與性欲的滿足，以及避免痛苦。

「超我」是人格結構中的管制者，由完美原則支配，屬於人格結構中的道德部分。超我可以理解為一個制約者，它抑制著本我的衝動，對自我進行監控，並追求完善的境界。簡言之，超我是本我的對立面。

「自我」是自己意識的存在和覺醒。主要作用是調節本我與超我之間的矛盾，一方面調節著本我，另一方面又受制於超我。

在各類影視作品中，時常可見這樣的一幕——當主人公在面臨重大決策時，腦中會跳出兩個小人。一個是善良的天使模樣，它提出溫和、理性的建議，這便是超我；另一個是邪惡的惡魔模樣，它蠱惑人做出自私、極端的行為，這便是本我。而主人公最終採納哪一方的建議，做出怎樣的決定，這取決於自我。

自我是出來勸架的，繼而提供一個折中的選擇。人格就是在本我和超我相互競爭的過程中發展而成的。**如果一個人的自我強大而又穩定，那麼他的自我現實感和穩定感會站到超我和本我之上，從而展現出從容淡定的精神面貌**。一個人內心的兩個小人總在打架，卻又得不到答案，是因為自我意識缺失了。

戀愛腦們的問題便出現在這裡。他們的感性遠遠大於理性，自我永遠無法統籌本我和超我。這導致他們做事不僅優柔寡斷，還時常走偏激路線，做出讓人難以理解的行為。

而當自我、本我與超我的失調嚴重到一定狀況後，還會出現「**自我勸說**」的情況，即自己開始為自己的各項行為辯解。比如伴侶欺騙了自己，他會不自覺地為對方開脫，覺得那是善意的欺騙。這也是一些人在錯誤的關係泥潭裡，越陷越深的原因。

從「當局者迷」，走到「人間清醒」

戀愛腦的本質是缺乏自我意識。

自我意識，是對自己的身心狀態和客觀世界的聯繫的認知。在感情中，**一個人越喜歡做出低價值的行為，表示他越缺乏自我意識**。

沒有自我意識的人無法傾聽自己的內心，認識不到自己的真實價值，並且會讓自己的情緒時常呈現不穩定的狀態。只有能夠客觀評價自己情緒，我們的行為和價值才會保持一致。人們常說的「人間清醒」，就是指人的自我意識足夠強。擁有穩定的自我意識後，人可以客觀地評價自己，從而做出明智的決定。

你有沒有這種閨密？當你的感情出現各種問題的時候，她都能為你出謀劃策，她會理智地為你權衡各種利弊，說服你看穿事情的本質和真相，儼然一副專家的姿態。但當她自己遇到感情問題時，卻成了栽跟頭最狠的人。她的理性和睿智頓時蕩然無存，感情狀態與表現格外異常。

又或者說，你是不是這種人？

在生活中，這種人太常見了。他們看別人的事情時看得很清楚，充滿了理性；在自己的感情中卻困惑而無助，被感性佔據了頭腦。這其實就是所謂的「當局者迷」。

離自己的生活越近的事情，越看不清真相，人很難用旁觀者的角度來審視自己的處境，但這種情況並不是無解的，「當局者迷」是有破解之法的，鑰匙就是自我意識。調動好自我意識，才能夠扭轉局勢，做到「當局者清」。

瞭解自己，才是經營關係的第一步

戀愛腦有三大通病。

第一，感性過度，理性不足。戀愛腦的人在處理感情問題時，往往感性思考遠遠超過了理性分析。他們傾向於憑直覺和感受行事，而忽視了事實、邏輯和長遠考慮，這可能導致決策失誤或關係失衡。

第二，盲目追隨感覺，缺乏判斷。他們容易完全沉浸在自己的情感體驗中，盲目跟著感覺走，不顧及現實情況和對方的真實感受。這種盲目可能導致他們在關係中做出不理智的行為或決定。

第三，缺乏自我反省，難以正視錯誤。戀愛腦的人往往難以正視自己在戀愛關係中的錯誤和不足。他們可能會重複犯同樣的錯誤，因為缺乏自我反省和改變的動力，從而陷入一種「明知故犯」的循環中。

想經營好一段關係，首先要做的並不是瞭解對方，而是瞭解自己。要先將重心放在自己身上，承認自己的不足，並接納自己的不足，進而反思自己哪裡做得不好。思考事情是怎麼發生的、如何發生的、怎樣才能避免不好的事情，這樣才會避開那些總將人絆倒的「石頭」。

人人都會犯錯，但並不是每個人都能發現問題所在，很多人完全察覺不到自己的問題。能否認清自己的錯誤並改正，決定著一個人是否具有智慧。

如果你感情一直不順、一直得不到自己想要的生活狀態，那便要自問一下：「我的問題何在？」

如何用自我意識來對抗戀愛腦？如何在感情中保持理性與感性的平衡，做一個清醒的人呢？

只需要分三步走。

第一，當你遇到問題時，冷靜下來，先想像一下：如果這是我朋友遇到的事情呢？

第二，以旁觀者的角度，給出一條有效建議。

第三，把這條建議應用在自己身上。

舉個例子，如果你發現自己正處於戀愛腦的狀態，明知道另一半的心已不在你這裡，但你仍試圖用眼淚和表忠誠去挽留。這時，就該是運用這個方法的時候了。

停下來，想像一下這是你好朋友的遭遇，你會怎麼看待她每天以淚洗面、祈求一個已變心的人回心轉意？你一定會覺得這樣的行為既荒謬又令人心疼，因為你知道這是在浪費時間和感情。你會毫不猶豫地告訴她，要愛自己多一點，及時放手，尋找真正值得的人。那麼，現在輪到你自己了，既然能如此堅定地支持朋友，為何不能同樣勇敢地為自己做出選擇呢？是時候離開那個不珍惜你的人，讓自己重新獲得自由與尊嚴了。

這時，你的理性會告訴自己：我不該做錯事。

所以，以後在做決策之前，要把自己當作自己最好的朋友，為自己出謀劃策，把最好的建議提出來。心理學中有一個名詞叫作「**第三視角**」，指的就是這種情況。

如果你想在關係中保持理智，那麼你要扮演的就不僅僅是主角，還有觀眾。也就是說，要讓自己跳出來，以旁觀者的身分冷靜地審視自己的處境。這能夠讓你以更加從容、警醒、果決的姿態去做決策，從而避免做出讓自己後悔的事情，保留自尊與體面。

3步驟，戒掉戀愛腦

想要擺脫戀愛腦，**第一步就是解決定位問題**。只有敢於發現錯誤，才能盡早擺脫錯誤，推卸責任是沒有辦法改變現狀的。也就是說，要先承認，後解決。

第二步，正視並分析自己的錯誤，才能有所成長。

經營愛情就像播撒種子，想要讓種子長成枝繁葉茂的參天大樹，我們就需要為這棵樹澆水施肥。這裡說的「澆水施肥」就等於在愛情中傾注心血。在感情中付出，獲得成長，是為了獲得幸福。看到自己，看清自己，就是一種澆水施肥的行為。

第三步，分析過後，就必須付諸行動。此時可以適當使用群體智慧，讓自己的親朋好友，以旁觀者的角度給自己提合理建議，而後採納集中度最高的建議。如果自己所遇的並非良人，必須讓自己放手和遠離，促使自己以更好的狀態投入下一段感情。

不要把某個時間點的結局當成自己整個人生的結局，人生是漫長的，既要允許一切可能的發生，也要接受自己所犯的錯誤。分手了並不意味著自己就是人生輸家，每一次失敗的感情經歷都是一次「戀愛素材」，你能從中獲得不同的啟示。

不要害怕分手，因為下一個，往往更好。

3步驟，培養理性思維

下面有幾條行動小公式，提供給執行能力較差的戀愛腦們。

第一，打開手機備忘錄或者拿出紙和筆，寫下你當下正面臨的問題。

第二，思考過去是否也發生過這樣的問題，從中找尋共同點。

第三，找尋問題的來源。

第四，尋找方法。想一想做什麼才能改變現狀，學會運用群體智慧。

第五，付諸行動。一開始不要給自己太大壓力，否則你會本能地開始逃避。行動要循序漸進，列一個長期計畫，先從沒什麼門檻的簡單行動開始，而後不斷加碼，增加難度。

舉個例子，比如一個女孩的另一半是個「渣男」，但女孩就是捨不得離開對方。那麼她要做的第一步，就是趕快找到自己的問題：在錯誤的感情中徘徊，成了戀愛腦。第二步，回顧往事，她發現自己總是不願割捨錯誤的感情。第三步，她明白了：自己是戀愛腦，所以才總是在情感中栽跟頭。她總是怕從前的付出被浪費了，於是才強迫自己去維繫這段已經瀕臨破碎的感情。第四步，她開始減少和現任的聯繫，每當思念對方時就回想對方的惡劣行徑，於是漸漸放下了這段感情。

總之，拒絕戀愛腦，其實只需要三個步驟：**先發現問題、承認錯誤；然後分析問題、想出對策；最後落實行動、絕不回頭**。只要做到這三點，就能培養出理性的人格。

當你開始能夠理性看待自己的事情，同時也能夠給自己好的建議時，那麼你便步入了正軌。恭喜你，這時的你已經培養出了理性思維。

拒絕PUA！從建立自我標準開始

在網路中，大家對PUA的議論熱度一直居高不下，但談論的話題大多都是「被PUA的經歷」和「被PUA的表現」，卻很少有人提及「拒絕被PUA的方法」。不提及如何對抗PUA，猶如看病治標不治本，最終所做的一切都是無用功。

每一個女孩都應當保持警惕，做到徹底地拒絕PUA。這一章的內容，就是來告訴大家如何走出PUA的。

拒絕負面的心理暗示

人之所以會被PUA，是因為他們

本身缺乏堅定的正向信念。

通俗地說，你所相信的東西就是你的信念。你所相信的，往往會變成你所擁有的，而你所擁有的，往往最後就會改變你。如果你的信念足夠堅定，那麼外界的紛繁蕪雜都無法改變和玷汙你；如果你的信念脆弱而又消極，那麼負面情緒便會乘虛而入。

人有了信念，就會不斷為走出困境添磚加瓦，從而促使自己堅定不移地走下去。

然而，一旦信念是動搖的、負面的，對人的影響便大相徑庭。比如，你的男朋友總是拿你與他人比較，借此貶低你，如果你的意志不夠堅定，反復回味這句話，繼而反省自己不如別人的地方，那麼此時，你就是被ＰＵＡ了。如果你對這種情況不加以警惕，未來他對你的ＰＵＡ只會變本加厲。

所以，**想抵制ＰＵＡ，首先要堅定信念，拒絕負面的心理暗示**。

別人如何定義你，取決於你如何定義自己

當一個人產生負面信念的時候，感情就會出現負面信號，人也會因此產生諸多負面情緒。

一些自卑的人總認為自己條件不佳，覺得自己的顏值、身材、家庭、能力都不如其他人，這就是一種負面的心理暗示。給自己這樣的負面暗示越多，人越自卑，也越容易被ＰＵＡ。想要自信，首先就要堅定意志，並告訴自己：我很好。

歌曲《打回原形》中有這樣一句歌詞：「若你喜歡怪人，其實我很美。」這便是給予自己積極暗示的表現，既沒有掩藏與扭曲自己的缺點，又敢於肯定自己的優點。有一句老生常談的話是「自信的女人最美麗」，這句話乍一聽很空洞，但其實蘊含著一個真理：**別人如何定義你，有時取決於你如何定義自己**。

大多數自信的人都認為伴侶是愛自己的，覺得自己值得擁有最好的感情。當他們懷著這樣的信念時，就會從自己身上找到諸多值得被別人愛的理由，而這些理由又會被他們內化成信念，於是他們變得越來越自信和強大。

只有你的信念足夠強，別人才會積極地回應你；如果你的信念不夠強，你就可能會被ＰＵＡ。

建立原則，壯大自己的意志力

有的女孩之所以被ＰＵＡ，就是因為**沒有建立起自己的標準和原則**。她們的標準是別人制定的，因為她們自身的原則非常模糊。這類女孩的標準只有「感覺」，她們不知道自己想要什麼，只能跟隨感覺走。但感覺上的體驗往往不是真實的，因為感覺通常都不可靠。對方只要稍加運用手段，就能營造出一種假像，於是這類女孩在最後都感覺自己上當受騙了，卻又無法自拔。

當一個人沒有信念、沒有自信、沒有原則時，就會被別人牽著鼻子走。

有的男人會說：「我不喜歡太注重物質的關係，我希望我們的愛情是純潔的，所以不想和你有金錢上的瓜葛，因為那樣的感情不純粹。」如果你缺乏自我標準，完全接納他的觀點，就會開始陷入自我懷疑。你會思考：「對呀，我們談的是感情，又不是物質。我不需要他為我花錢，我自己也可以養活自己……我是不是太拜金了？像我這樣的人真不好……」

久而久之，稍微讓對方付出一點，你就覺得虧欠了對方，而對方也感受到了你脆弱的信念，覺得你很容易「拿捏」。每當你需要他做些什麼的時候，他便引出這套說辭，甚至說一些更難聽的話。

有些女孩總是被人PUA，就是因為她們總是圍繞著對方的喜好去改變自己，自己原有的信念就在一步一步動搖。

但其實對方喜歡什麼、不喜歡什麼都不是最重要的，因為那只是對方的偏好。**尊重你自己的喜好才最重要，你只需要做好自己的事情。你要看到自己的長處，繼而放大自身優點去吸引對方，而不是刻意迎合對方的喜好**。

很多女孩總是會把自己逼成一個敏感的人，每當對方不開心時，便覺得自己或許真的做錯了什麼，甚至認為對方不再需要自己了。但你其實並不需要如此多心，對方不開心了，可能是因為他遇到了煩惱，而不是因為你。但也有可能對方是變心了，因為當一個人和你在一起的時候，他的內心總是需要你的。

所以，女孩子們要做的就是少一些猜疑和自卑，多一些堅定和自信。你必須給自己足夠的正面心理暗示，建立起自己的處事原則。**與其自問：「他還需要我嗎」，不如多問一問自己：「你需要他嗎？他可以達到你的預期和標準嗎？」**不要搞得像離開對方，自己就不能活一樣。

當你的意志力變得強大的時候，就是你徹底走出PUA的時候！

盲目妥協，就是在給他人消耗你的機會

舉個最簡單的例子：假如你與另一半相約去吃飯，當天你盛裝出席、滿懷期待，臨出門時卻被對方放了鴿子，這時你會怎麼做？

錯誤的做法是，無條件地理解對方，完全不顧自己的情緒，只說一句「那你快去忙，我們改天再約」，就草草了事。你順從地接受，其實是對這種行為的變相鼓勵。如果你心裡不舒服，就要有所表現，否則對方永遠意識不到要約束自己的行為，以後很可能會變本加厲。

正確的做法是，你需要理性地表達自己的情緒和需求。你可以說：「好的，那你去忙吧，注意身體。但是你要知道，你放了我的鴿子，而我很不喜歡被人爽約。」事後，也不要主動詢問對方下次約見的時間安排，因為是對方有錯在先，所以應該是對方向你詢問，是他需要彌補對你造成的損失。

就這樣，**不盲目妥協，在不失禮貌的情況下表達自己的不滿，繼而展現自己的處事原則**，告訴對方自己的雷區，這便是亮出了自己的底線。

當一方出於疏忽或其他原因，對另一方造成損失時，過錯方必須主動彌補，只有對方感受到了誠意，才能繼續合作下去。

你可以對別人好，但要守住自己的底線

再舉個婚後的例子：假如結婚後，你的老公一直對你很好，你的家庭也一直很幸福。但突然有一天，你的伴侶出軌了，你們長期的合作關係突然遭遇對方的背叛，這時你會怎麼做？

有些人會選擇隱忍，這種做法大錯特錯。如果選擇忍受或視而不見，會使

自己的底線變得模糊不清，也就是在變相鼓勵對方的行為，對方會覺得自己犯的錯並不會產生任何後果，於是越發越界。

正確的做法是，勇敢離開這段錯誤的關係。

每個人在感情中都要做一個大方的、敢愛敢恨的人。**你可以對別人好，但更要守住自己的底線**。錯誤的付出會導致沉沒成本的出現。你的付出應當是有條件的，你的溫柔應該是有鋒芒的。價值的平衡感取決於你內心的狀態，絕不要掉進低價值的陷阱。

劃定高價值感底線，學會尊重自己

人們有時會犯這樣一個錯誤：另一半對自己不好，對方不認真經營感情，時常對你冷暴力，甚至和別人曖昧、出軌……，對方做了很多很多的錯事，你們的關係出現了大問題，可你就是離不開他。

你知道嗎？你越是捨不得離開一個錯誤的人，對方便越會為非作歹。想要獲得高價值感，就不要犯這種錯誤，你必須**捨得離開**。如果你不做出一些行動，那麼你的狀態只能是每況愈下。

一個不認真經營你們關係的人，你必須離開他，這時他就會明白「人不如故」的道理，畢竟人總是在失去之後才會懂得珍惜。

在一段感情中，最難的事情並不是讓對方喜歡上自己，而是鼓起勇氣並下定決心，離開一個你喜歡但又不適合自己的人。

搭錯車不可怕，捨得下車才是智慧

想要得到對方的珍惜，甚至讓對方離不開自己，首先你要有捨得離開的勇氣。這其實是有些反常理的，但現實就是如此。只有你捨得離開，對方才會害怕失去你，求你不要離開，這是人性使然。

這並不是要心眼和玩套路，更不是感情中那種隨隨便便就以分手為要脅的無理取鬧。**「捨得離開」是一段感情中非常健康的心態，這種心態源自自信和自愛**。你需要時刻明白：如果對方在感情中不夠投入或對你不好，甚至完全不尊重你，時常欺騙你……，對於這樣的人，你必須捨得放下，必須要敢於離開他，必須要有勇氣走出這種不良的關係。

捨得離開，是高價值的終極表現。

可以試想一下：人們最不尊重、最看不起的是什麼人？是那種連自己都不尊重的人。有時候，一個明明自身條件很好的人，但當他面對另一半的敷衍和出軌時，反而去求復合，這是極其荒唐的做法，是沒有底線的行為。這類人有一個共性——無論對方對自己多不好，就是捨不得做個了斷。那麼，**連自己都不尊重的人，怎麼能指望獲得對方的尊重呢？**

所以，不要做任何自降身價的事情。當你清楚自己的底線時，對方是會有所察覺的；當你隨時保持著一種來去自如的狀態時，對方也會感受到你的自尊與自愛，繼而明白他自己並不是這段關係的中心，你不是他的追隨者，更不是非他不可。他會因此明白，如果不好好對你，你就會隨時奔赴下一個更優秀、出眾的對象。這時候，他會對自己產生懷疑，你的自我價值也就體現出來了。

女生，你需要有底線。只有看到你自身的價值，對方才會更加珍視你。

敢於設底線的人，才能掌控關係

只要對方出現忽視你、輕視你的感受等行為時，你就必須讓對方清楚，你不接受這一切。你的這種表達，就是在表明自己的底線。

底線的標準是因人而異的，你必須有自己的底線。

底線就跟字面意思所表達的那樣，是最低標準。**如果對方連最低標準都達不到，那麼你們就可以直接免談了**。

比如你的另一半總是喜歡和其他人搞曖昧，你必須及時勒令他終止自己的不當行為，你的這種嚴肅制止就是在表明自己的底線。如果對方對你的底線置之不理，那麼你們的關係也可以結束了。

當你想要維繫一段長久穩定的感情，對方卻抱著玩一玩的心態、給不了你想要的關係時，你就需要亮出自己的底線了，你需要讓對方清楚地知道哪些是你不接受的事情。

一旦對方出現越界或不配合的情況時，你必須有放手的勇氣，這是一個成熟的人所應該具備的最基本的能力。

亮出底線後，不管對方是珍惜你還是離開你，你都是贏家。如果對方更珍視你，那麼你會收穫更多的尊重；如果對方離開你，那麼你是在及時止損。

你的底線，必須是言行一致的

然而，底線光「有」還不夠，你的底線還必須是真實的，不能只限於口頭上，要勇於執行。

有些人所謂的「底線」只是一種虛張聲勢，是無效的煙幕彈。嘴上說自己有雷區，卻在自己的底線被踐踏時委曲求全。一面懊惱，一面又不捨得做個了結。這種不願意放手的妥協，只會讓自己越發被動。如果你不是真的決心離去，只是將分手這件事情作為一種威脅，那麼對方很容易就會看穿你的伎倆，你虛假的底線會淪為一種無理取鬧的「造作」，對方在識破後，會越來越覺得你很「廉價」。

你必須有那種捨得離開有害戀情的認知。不要把離開變成一種表演，不要將這種話時時刻刻掛在嘴邊。

底線是由語言和行動一同構成的。「語言」指你要說清楚自己的禁忌，要明白地告訴對方自己不接受什麼樣的對待，說得越詳細越好；如果你不認真交待，那麼對方也不會認真對待。「行動」指如果對方不去約束自己的行為，且持續侵犯你的禁區時，你必須轉身離開，絕不拖泥帶水，這是保全自尊的做法。

你的行動是必不可少的！如果你的底線只在口頭上，而從來不付諸行動，對方必定會覺得你很好「拿捏」，認為出現問題後，只需要簡單哄你一下就夠了。此後他會更加肆無忌憚地傷害你，因為傷害你，他根本不需要付出什麼代價。你的行動缺失會大大降低對方的犯錯成本，你也會因此變得越來越沒有底線，最終徹底失去主動權，從而陷入被動、卑微的境地。

你的忍讓，是讓對方持續怠慢你的動力。

所以，不要忍讓，你的底線必須亮明，必須讓對方為自己的錯誤行為付出代價。

千萬不可觸碰的關係底線：

1. 忠誠是第一原則，不接受背叛。
2. 暴力行為只有一次和無數次，對暴力絕對零容忍。
3. 不與前任聯繫，不拿現任與前任對比。
4. 充分尊重對方家人。
5. 不冷戰、不翻舊帳，就事論事。
6. 不把分手、離婚掛在嘴邊。
7. 堅決杜絕語言暴力、行為暴力、冷暴力等所有暴力行為。

假性分手的把戲不能玩

有些女孩總在沾沾自喜，她們在每一次關係出現問題時，都會吵嚷著要分手，而男友也都會認真挽回，於是這些女孩就認為自己成功守住了自己的底線。但這是一個很嚴重的錯誤，這根本不是底線，這是「假性分手」。一旦假性分手的把戲玩多了，結局勢必會演變成真正的、不可挽回的徹底決裂。很多人就是因為受不了這種一次又一次的威脅，而失望離開的。

所以，「捨得離開」並不是假裝分手讓對方來挽留，以此大刷自己的存在感。「捨得離開」是願意將自己從一段不好的關係中，主動抽離出來的真實態度，是一種讓對方表現得越來越好的正向的「威脅感」。

有底線，對方才會感覺到你有脾氣、有能力、有自尊。你的底線是你的籌碼，會讓對方知道你不是被怎樣對待都可以的。

愛情不是無條件的，愛情能夠延續下去的一個最重要、最基本的條件，是對方要對你好，對你投入。如果連這最基本的一點都沒有做到，那怎麼可能讓你無條件地愛他呢？又怎麼會讓他加倍珍惜你呢？

溝通、磨合失效後，再離開也不遲

想要讓「捨得離開」奏效，你必須確定你們兩人是有情感基礎的。即對方在乎你，你對他有吸引力，他對你有較深的感情，也為了你真正地投入過。如果對方對你不是認真的，那麼你的離開就不會讓他有任何緊張感，人根本不會在乎自己不怕失去的東西。

如果對方在得到你後不珍惜你，出現對你敷衍、怠慢，甚至厭煩的情緒，你在這時亮出底線，就等於在警告對方：你最好給我清醒一點，可千萬別以為我非你不可。

對方就會意識到，如果自己不做出些什麼改變，你可能真的會從他的人生中永遠退場。於是一種莫大的空虛感襲來，他就會鞭策自己重拾從前的好狀態，繼而更加認真、積極、主動地投入這段感情中。也正是因為他這樣不斷地投入，他才會覺得你就是他生命中重要的人。

底線，是一個人實現長期擁有吸引力的重要組成部分，這種心態會重構你在一個人內心的分量。

當然，離開是要把握好限度的。我們的確要捨得離開，但不要隨隨便便就離開，那是極度不成熟的表現。

當你和另一半發生矛盾時，不要立刻就離去，而是要先好好溝通。你需要掌控好自己的情緒，調整好自己的語氣，用理性又不失認真的方式去表達你的態度，讓對方理解到你對他的期待和需求，也讓他清楚地知道，需要做什麼才能避免失去你。

不過，在這一過程中，對方也會提出他的訴求，你同時也要權衡一下自己的行為，做出相應的改變。你與他的這一系列交互其實就是一種磨合，**如果一直磨合失敗，再選擇離開也不遲**。真正的離開，往往發生在溝通失敗過後。

所以，遇事要先溝通，要及時表達感受，讓對方理解你的立場，並且和他一起想辦法改變。溝通和「造作」的區別，就在於能否在不破壞關係的前提下，解決相處中遇到的問題。

自我沉溺的女性 VS 自我拯救的男性

男生和女生在對待感情問題時，所做出的選擇明顯是不同的。比如在所遇非人的時候，有很多女生會一面聲淚俱下地哭訴，一面原地踏步，始終邁不出離去的那一步。即便身邊的人反復勸慰她們「不要在一棵樹上吊死」，但她們就是聽不進去。在別人提出「分手吧，去多結交新的異性，掀開新篇章吧」的建議時，她們往往會說：「我現在對別人都沒有感覺」、「我對別人沒興趣了」、「不行，我怕離開他後就再也找不到合適的人了」。而很多男生的選擇截然相反，他們會問：「那我怎麼才能吸引更多異性呢？」

從中可以清晰直觀地看出男女的區別——在面對複雜的情感問題時，女生往往傾向於自我沉溺，而男生則往往傾向於自我拯救。男生調整負面狀態的速度遠遠快於女生。女生更容易陷入「**唯一陷阱**」，她們覺得對方是自己的唯一，就算再怎麼虧待自己，自己也不能離開對方，因為找不到更好的了。

要知道，如果一個人很害怕失去對方，並為了挽留對方不斷放低自己的姿態時，就會淪為對方的追隨者，甚至是奴隸。總做那種自我感動，卻在對方看來是多餘的事情，只會讓自己越來越卑微。**一味地妥協，會讓自己變成一個盲目的奉獻者，對方卻成了一個慈悲的施捨者**。

當你逛街看好了某件東西，老闆說一分錢也不能便宜，這時你會自然而然地選擇離去，繼而透過貨比三家，找到性價比更高的商品。感情也是一樣的。當你的另一半「性價比」過低時，你怎麼在此時就失去了「貨比三家」的理智了呢？

你不妨自問：沒有他，你就找不到別人了嗎？世界上只有他這一個異性嗎？你不配得到很好的對待嗎？如果不是，那麼你在堅持什麼？

你是願意一直在一個不愛你的人身邊當一根野草，還是願意被愛你的人奉若珍寶呢？

答案不言而喻。你，是時候逃出「唯一陷阱」了。

CHAPTER

5

情緒回應：高情商溝通，接住對方的需求

一個人必須知道該說什麼，一個人必須知道什麼時候說，

一個人必須知道對誰說，一個人必須知道怎麼說。

——彼得・杜拉克

「我懂你，就像你懂自己。」如果在溝通中，你可以讓對方產生這樣的愉悅體驗，那你的存在必然是不被忽視的。傾聽要有藝術，你不僅僅要做一個聽眾，還需要作為情感的指揮官，調動對方的表達欲望。共情式傾聽不只是耳朵在工作，而是全身心的投入，是觸及靈魂的深度對話。每一次交流都是情感的熔爐，學會在交流中共情式傾聽，能經營出堅不可摧的關係和感情。

會聊天，拉滿好感度

生活中有這樣一類人，他們很善於經營關係，讓人如沐春風，無論是同性緣還是異性緣，都好到爆。從心理學角度來看，這類人掌握著一套極具吸引力的好感邏輯。如果你能學會，那麼你的所有關係都會在現有基礎上變得越來越好。

將聊天的重心放在對方身上

無論是親密關係還是其他人際關係，都需要溝通的藝術，人和人的關係都是在溝通中升級的。

高情商的人是很懂得溝通技巧的，

他們很懂得「圍繞對方來聊天」。要知道，**聊天的底層邏輯就是圍繞對方表達**。假如對方是健身愛好者，那麼你在與對方閒聊時，可以圍繞對方的身材展開話題，但切忌過猶不及。

怎樣掌握好這個分寸呢？當你們的聊天變成了一問一答，並且索然無味的時候，表明對方已經對聊天失去興致了，這時候你要及時做出調整了。

比如當你們有如下對話的時候，就表示對方已經在耐著性子和你聊天了：

「你經常健身嗎？」「嗯。」

「你健身多久了？」「三年。」

「你是如何堅持這麼久的？」「因為喜歡。」

如果你在對話中察覺到對方回應趨於簡短，只答不問，那你有必要適時調整策略。

例如，原本的對話可以這樣轉換：

「你經常健身嗎？」「嗯。」

察覺到對方可能不太願意深入這個話題，你可以這樣繼續推進聊天：

「看來你是個健身達人呢！我偶爾也想去健身房，但總是動力不足。你是怎樣找到堅持的動力的？有沒有什麼小祕訣可以分享給我這個健身新手？」

這樣的提問不僅展現了你對對方的佩服，也巧妙地為自己開啟了一個參與討論的空間，讓對話有機會變得更具互動性和更加深入。

圍繞對方展開的聊天有個**三段式溝通法則：開放式詢問、共情式傾聽、探索式深入**。

開放式詢問，是指透過提出開放式問題，來引導對方分享更多關於自己或相關話題的資訊。這個階段的核心是，展現出你對對方的興趣和關注，給予對方充分的空間和時間，來表達自己。

場景：你正在和一個朋友聊天，他剛提到最近對攝影產生了興趣。

開放式詢問：「哇，你對攝影產生興趣了啊！能跟我說說，是什麼讓你對這個領域產生好奇心的嗎？」

共情式傾聽，是在對方分享之後給予積極的回饋，比如肯定對方的觀點、感受或經歷。這可以透過簡單的肯定語句、點頭表示理解，或者分享自己類似的經歷來實現。在這個過程中，可以尋找與對方產生共鳴的地方，加強彼此之間的聯結。

繼續上述場景：朋友開始講述他第一次嘗試拍攝日出時的興奮和成就感。

共情式傾聽：「聽起來那次拍攝日出的經歷真的很棒！能親眼見證並記錄下那麼美麗的瞬間，肯定非常有成就感吧。我也能理解那種站在大自然面前，感受到自己渺小的同時，又無比幸運的感覺。」

在這裡，你透過肯定對方的感受（興奮和成就感），並分享自己類似的情感體驗（站在大自然面前感受到自己的渺小與幸運），來展現出你的共情能力，加強了你們之間的情感聯結。

最後是探索式深入，這一部分取決於共情式傾聽過程中對方的回應。如果對方表現出想要快速結束談話，就可以不展開這個階段了。如果對方滔滔不絕，那你可以嘗試拋出下一個話題，來為對方的進一步自我分享鋪路。

繼續上述場景：朋友因為你的回饋而更加興奮，開始詳細描述他拍攝過程中的一些技術挑戰和解決方法。

探索式深入：「聽起來你在拍攝過程中遇到了不少技術難題，但最終都找到了解決辦法。那你有沒有遇到過讓你幾乎想要放棄的、特別棘手的問題？你是如何克服的呢？」

這個問題不僅基於對方之前的分享（技術挑戰和解決方法），還進一步探索了，對方在學習攝影過程中可能遇到的更深層次的挑戰和成長經歷。這樣的提問能夠鼓勵對方進行更深入的自我反思和分享，從而加深你們之間的對話深度。

三段式溝通法則不僅能幫你更好地瞭解對方，還能夠促進彼此之間的情感交流和信任建立，幫助你在聊天過程中始終保持真誠、尊重和理解的態度，讓對方感受到你的善意和關心。

學會三段式溝通法則，能夠讓你的人緣變得好很多。

三維度法則，讓誇讚更顯真誠

會提供情緒價值，最直接的表現是會誇人。

晚餐時分，你的伴侶正在廚房裡忙著為你準備晚餐，廚房裡飄散出陣陣誘人的香氣。你走到廚房門口，看著伴侶熟練地翻炒著鍋中的菜餚，臉上洋溢著幸福的笑容。這時，你可以溫柔地說：「親愛的，你炒菜的樣子真的好迷人。每次看你站在灶台前，專注地調火候，翻炒食材，我都覺得特別安心。你不僅廚藝高超，而且每道菜都做得那麼用心，色香味俱全，讓人一看就食欲大增。有你在我身邊，感覺每一天都充滿了溫馨和幸福。」

這段話蘊含三個維度——**第一，表達感受；第二，陳述事實；第三，做好對比**。

表達感受：「親愛的，你炒菜的樣子真的好迷人。」這句話直接表達了你對伴侶的欣賞和迷戀，讓對方感受到你的情感投入。

陳述事實：「每次看你站在灶台前，專注地調火候，翻炒食材」，在這裡你具體描述了伴侶炒菜時的動作和態度，展現了其用心程度；「你不僅廚藝高超」，則是對伴侶廚藝的直接肯定。

做對比：「而且每道菜都做得那麼用心，色香味俱全，讓人一看就食欲大增。」這裡你透過對比一般菜餚和伴侶所做的菜餚，強調了其獨特之處和吸引力；「有你在我身邊，感覺每一天都充滿了溫馨和幸福」，則是將伴侶的廚藝與你們共同生活的幸福感相聯繫，進一步提升了誇獎的層次和深度。

這樣的誇人方式既溫馨又具體，能夠有效增進伴侶之間的情感交流，讓對方感受到你的愛與關懷。

這種「三維度」誇人法則值得所有人學習，且適合應用進各種社交場合當中。生活中很多情商高、會誇人的人，運用的都是這套邏輯。**你誇得越具體、細節越多，表示你誇人的能力就越高，你給對方提供的情緒價值也就越高**。

例如，你的同學送了你一個禮物，你可以說：「我感到好驚喜，謝謝你！你真的很用心。我覺得你審美水準很高，所以挑選的禮物也特別有格調。」

「感受」是你很感恩與驚喜。

「事實」是你覺得對方審美水準很高。

「對比」是你覺得對方挑的禮物更加特別。

就算受攻擊，也要積極回應

此外，還有一則行之有效的「好感度拉滿大法」，值得我們所有人深入學習。

如何把對自己的好感刻在對方的心裡？其實只需要肯定對方即可。

不論對方說什麼，哪怕是對你的攻擊，你也不要急於否定，而是可以多使用「嗯」、「是的」、「你說的沒錯」、「行」等字眼，且要用遞進的方式，而不是轉折的方式。

即便別人抨擊你、辱罵你，你也要學會積極回應——把同樣的情緒傳遞回對方。

5步驟睿智溝通，讓事情往好的方向進行

溝通是一門藝術，但並非所有人都掌握了這門藝術。

很多人溝通時情緒不穩定，有時習慣性地指責別人，有時又直接拒絕交談，於是時常會和別人發生爭吵。不論指責對方還是拒絕交談，都屬於無效溝通。無效溝通是說不到問題的重點，折騰了很久，把自己氣得不行，但對方根本不知道你要表達的是什麼，問題完全沒有得到解決。

如果沒有良好的溝通，那麼不論在親密關係、人際關係還是親子關係中，我們會消耗他人，也消耗自己。掌握一些溝通技能，可以保障你生活快樂。

接下來的五步驟溝通方式，能夠幫助你解決大多數溝通問題。

Step 1：必須溝通，拒絕冷戰

不溝通的人習慣壓抑自己的情緒。如果你一直拒絕溝通，長此以往，自身的需求就一直得不到滿足，對方也根本不知道你是怎麼想的，從而無法給予你幫助。當對方習慣了不與你溝通和互動時，你便變得更難以表達自己，最終進入死循環。所以，要學會溝通，溝通是解決問題的基礎。

Step 2：話語主體由「你」換成「我」

習慣指責別人的人時常說：「你太讓我傷心了」、「你為什麼這麼對我」、「這件事就怪你」、「如果不是你，我們也不會……」每句話都充斥著「你」字，這樣的句式帶有強烈的指責和批評對方的意思，對方聽到後會非常不舒服，於是更大的矛盾便由此爆發。**把話語的主體由「你」換成「我」**，就能夠有效解決這一問題。

Step 3：表達觀點＋感受＋立場

陳述一件事的邏輯時，要同時滿足這三點。**「我認為」代表你對這件事的看法和觀點**（不一定非以這三個字作為固定開頭，但可以用你的語言去做統一的轉換，只需保證中心思想不變即可）。要直截了當，且只是單純地在陳述事實，不要附帶任何情感色彩，更不要用攻擊性的言語對別人的動機加以評判，比如「我認為你這麼做並不是最明智的」、「我覺得這件事你做得很好」。

「我感覺」是表達你由這件事萌生的情緒。你只需要簡單陳述自己的情緒就好，不要帶有任何貶義的成分，比如「我感覺很開心」、「我感覺不舒服」、「我感覺心理很不平衡」。

「我想」是表達你的需求，即你希望對方怎麼做，你要求的一定是讓對方在

行動上做出改變，而非態度上的改變。表達需求要清晰，不能帶有任何保留和猶豫，更不要咄咄逼人，比如你不應該說：「不要生氣了」，因為這是沒有用的，情緒是不受人控制的，你能要求的只是別人的行動，如「你先冷靜一下吧，我們半小時後再談」。這一步最重要，前面所做的都是在為這一步打基礎。

Step 4：要求必須具體且易實現

你的要求越具體，對方就越容易滿足你的需求，你們的溝通也就越順暢。如果你想讓自己的另一半接你下班，不要直接說：「你來接我吧」，因為這不夠具體，你應當說：「你在晚上六點半的時候，來我公司樓下咖啡廳接我吧」。你在提出要求時需要掌握好分寸感，剛開始只提一點點要求就好，不要對對方有太大期望，因為對方是不可能一次就讓你滿意的。

Step 5：給出你的解決方案

當「我認為」＋「我感覺」＋「我想」的表達未能奏效時，你需要在後面加上「我的方法」，即給出你的解決方案，你給出的方法是在告訴對方：你們是兩個相互獨立的個體，你不需要依附對方而存在，你有自己解決問題的方法，比如「如果你沒有辦法打掃環境，那我就只好雇個居家清潔服務人員了。」「你如果不來接我，我就自己搭車吧。」

需要注意的一個原則是，不要威脅對方，你只要向對方傳遞資訊即可。

是否使用這一步，要根據事情的推進程度來定，如果前三步用完後，事態已經向好的方向發展了，那麼就無需再使用了。

會傾聽，就是一種共情能力

在與他人構建關係時，學會傾聽是極其重要的。

良好的溝通一定是雙向的，有一句老話叫「會說的不如會聽的」，說的就是這個道理。在社交中，**有時候光是傾聽，就已經能提供給對方很多情緒價值**，因為每個人都希望自己的內心被人聽到和看到，當被關注到時，人會產生一種被理解、被接納、被關愛的滿足感。

但「傾聽」也是有講究的。**傾聽是一個主動的過程，絕不是被動的**。

主動，就代表在意

如果你在交談中不能理解對方的感受和想法，就需要主動詢問對方——「我不太確定你剛剛說的是什麼意思，你能再解釋一下嗎？」「關於你剛剛說的這些，我應該去做點什麼呢？你能詳細講一下嗎？」當你問問題越主動、越多時，瞭解的資訊也就越多，便越有可能找到一個折中的解決方案和雙贏的處理辦法。

能提供高情緒價值的傾聽者，一定是一個經常問問題的人。問問題代表著你在意對方，代表著你把話題的重心放在了對方身上。

一定要避開的傾聽陷阱

有一些普遍存在的錯誤傾聽方式是應該注意的，這些傾聽方式會導致你提供給對方負面的情緒影響。

第一，胡亂猜測。對方還沒說完話，你就覺得自己已經很瞭解對方的想法了。

第二，自顧自說。不聽對方說話，只是一味地表達自己的想法。

第三，選擇性傾聽。只聽重要的和自己感興趣的內容，其餘內容都不聽。

第四，隨意插嘴。還沒等對方說完，你就已經開始插嘴，甚至隨意評論了。經常評論對方的話，而不是理解對方的出發點。

第五，經常神遊。對方在說話時，你經常表現得心不在焉。

第六，缺乏耐心。沒有耐心聽對方把話講完。

第七，爭奪輸贏。總想貶低別人，抬高自己，逞一時口舌之快。

第八，以自我為中心。總是認為自己是對的，拒絕接受對方的觀點。

第九，假意迎合。還沒等弄懂對方的感受和真正的用意，就開始曲意逢迎。

2個層面，實現有效共情

想要做一個好的傾聽者，需要滿足四點。

第一，要專注，不能只關注自己的需求，還要考慮別人的需求。

第二，只聽，但不做評判，更不要去責備對方，你只要講清事實和自己的感受就可以了。

第三，要給予對方必要的認可。想要進行高效的溝通，認可對方是一個很不錯的方法。在對方講話的時候及時給予回應，讓對方感覺到你不僅在聽，而且能理解他說的內容。

第四，要在傾聽中發揮共情的力量。實現共情的邏輯很簡單，只需要讓對方產生「你很懂我」的感受即可。共情的一個常見盲點就是沒有共情到點子上，但只要做到以下兩個層面，就能幫助你實現「**有效共情**」。

第一個層面，要在自己情緒積極的時候再去共情別人。要知道，自己在情緒很糟糕的時候，是沒有辦法照顧別人的情緒的，因為這時候自己都需要別人的關心和愛護，你的情緒都不飽滿，又如何有能力去安撫別人呢？

第二個層面，要完全站在對方的角度去思考，去感受對方的情緒。共情的關鍵在於理解和允許。如果你的伴侶向你抱怨工作上的不順，並表示自己想要辭職時，你不要居高臨下地教導對方：「你看看你，都這麼大的人了，怎麼還這麼衝動？辭職對你有什麼好處？」這樣的表達其實是在用自己的感受去否定對方的感受，它在傳遞一種信號：我覺得你這樣不對，你應該按我說的去做。

此時不妨換位思考一下，如果你遇到了這樣的煩惱，卻有人一直在你旁邊喋喋不休地說教，你會是怎樣的心情？

對方和你講這些，並不代表他不懂上面這些利弊。他在冷靜的時候是能夠權衡利弊的，只不過現在他氣憤至極，沒有辦法保持冷靜。他需要的是情緒上的共鳴，當他的負面情緒消退之後，自然而然能理智地考慮問題。

正確的表達參考如下：「親愛的，我知道你很難過。你心裡是怎麼想的？說出來，我聽一聽。」在對方講完之後，你應該告訴對方：「有我在，不要怕，我們一起想一個萬全的對策，你做什麼決定我都支持你。」這才是共情。

自我檢測——你是一個好的傾聽者嗎？

你不妨先自我測試一下，看看自己究竟哪裡存在不足。

在**自我需求**方面，你是否明確瞭解自己的需求？你是否在傾聽中清晰而誠懇地表達了自己的意見和情緒？

在**傾聽專注**方面，你是否足夠認真？你是否做到了不評判、不責備對方？你是否僅僅表達出了事實和自己的感受？

在**認可對方**方面，你是否對對方所說的內容做出了回應，並且進行提問，以確保自己完全聽懂？

你做得越好，就越能提供對方高情緒價值，你和對方的關係也會變得越好。

掌握3個要素，高情商處理任何關係

如今很多人都對「情商」一詞感興趣，但對情商的瞭解往往十分粗淺，更不知道如何應用。實際上，情商高並不是單純的會說話、會接話、會活躍氣氛、會展現人格魅力……，**真正的高情商是既能夠成全自己，也能夠成全別人**。

「情商」、「情感」與「情緒價值」是極容易被混淆的概念，因為這三者有相似之處。一般來說，只要提高了情商，就能掌控情感，從而提供給他人更好的情緒價值。提高情商沒有門檻，也沒有時限，每一個當下都是提升它的好時機。

先做到自我滿足，才有能耐成全他人

社交中雖然千人千面，但也有一套萬能**雙贏溝通公式**可以應用。這套萬能公式適用於各類人際關係。

萬能公式只涉及三個要素：

「自我滿足」＋「成全對方」＝「意願達成」。

簡而言之，就是你滿足自己的同時，又取悅了對方，最終實現了雙贏。這一公式的重中之重，就在於你最後是否滿足了自己的意願。

想必你一定有和某人相處過後覺得很不舒服的經歷。你之所以覺得不舒服，其實是因為你的個人能量被消耗了。有可能是因為對方是個情緒黑洞，吸走了你大量的能量；也有可能是因為你本身的能量儲備就很低，就會十分抗拒接觸，消耗你能量的人。

不懂得拒絕的人，能量普遍都較低。正是因為不好意思拒絕的同時，又不去提高自身能量，才導致他們的能量一直處於被消耗的狀態。有些人在感情中覺得不幸福，也是因為自身能量低。想要變得高能量，就先要變得高情商。

高情商的人都懂得「自我滿足」，只有個人的自我滿足實現了，才能逐步累積能量。你每次滿足自己，都會為自己累積一次能量。做自己喜歡的事，就等於為自己注入能量。

只有當自己的能量在滿足自己且有剩餘後，人才能釋放能量去滿足別人。如果你自己都是匱乏的，又靠什麼去愛別人呢？關係交互的本質在於，你在用自己的高能量，去解決他人因低能量而解決不了的問題。你給自己聚集的能量越高，就越能夠從容地解決問題，別人也越會覺得你辦事舉重若輕。

運用這個公式去處理關係，能把你打造成一個高能量的人，你才能在與人相處時向下相容。比如當你被老闆批評以後，你覺得很傷心，此時你會怎麼做？有人會大發雷霆，而後毅然決然地決定辭職；還有人會選擇忍氣吞聲，躲在角落獨自委屈難過。但這兩種選擇都是錯誤的，結果殊途同歸，都會導致個人的能量值變低。辭職不幹了，自己雖然一時很開心，但是沒有考慮後果；而忍氣吞聲的做法成全了老闆，但是沒有實現自我滿足。

正確的做法是，向老闆承諾會改進自己的工作，並拿出自己接下來的工作計畫，同時也表明自己的付出與努力，告訴老闆自己應該受到足夠的尊重。

做到這些，這套公式的運用便得以實現了：

對於「自我滿足」來說，你彰顯了自己的努力，你的付出沒有被埋沒。你既完成了自己的工作，又表達了自己的委屈，還維護了自己的自尊。當你不卑不亢的態度和有條不紊的工作方式，都被老闆看在眼裡時，就很容易受到老闆的賞識。久而久之，老闆會覺得你是一個可重用的人才，你也會擁有很大的晉升空間。

對於「成全對方」來說，老闆的目標被再次確認，他也掌握了你的工作進度，他對工作的推進更加放心，也能感受到員工的認真和負責。當你和老闆站在同一條戰線上時，公司才能實現更好的發展，這種狀態會不斷循環，最終你和老闆實現雙贏。

對於「意願的達成」來說，你化解了這次風波，能夠繼續在公司任職。你的做法為自己贏得了他人的尊重，你的表現給他人提供了榜樣性的示範，你和老闆都達成了意願的滿足。

不論在什麼場合和關係當中，要想高情商地處理關係，這套公式都適用。

在任何關係中都能遊刃有餘

學會了這套萬能公式後，下一步就可以將其應用到情感關係當中。

「自我滿足」要求你清楚自己的需求。你必須知道自己想在這段關係中得到什麼，還需要知道對方能夠提供給你什麼，是陪伴、安全感、名譽，還是快樂？需求因人而異，但你必須實現自我滿足。很多女孩往往在感情中處於一種迷茫狀態，不知道自己想要的是什麼，只是做了對方的一個「小跟班」，對對方言聽計從，以致最後逐漸喪失自我。

當一個人內心需求得不到滿足的時候，他扮演的往往是一個追隨者和受害者的角色，這樣的角色形象是極其失敗的。女生要做情感關係的引領者，而不是追隨者和受害者。

「成全對方」要求你學會揣摩對方的心理。如果你想成全你的男友或老公，就要認同他的價值。你要做的並不是去巴結對方，因為你還沒有實現自我滿足。你要做的是提供給對方適當的物質獎勵與精神獎勵，這些是你給對方的正面回饋。比如你可以買給他一個小禮物，可以大大讚揚他一番；又或者可以當別人的面讚揚他的優點，這樣就能在實現自我滿足的前提下成全對方。

「意願的達成」也是殊途同歸的，即結果必須既讓你滿足，也讓對方開心，同時還要讓關係更趨於穩定和諧。之前已經提過，經營感情就是一種「合作」，只有雙方都愉快，合作才能繼續下去。

所以，我們要在各種關係中做一個聰明人，學會運用這一公式，就意味著掌握了一套智慧的處事法則。如果能將其應用自如，你便能在各種關係中遊刃有餘。

CHAPTER

6

情緒自渡：做自己的情緒價值提供者

自愛是人生最重要的投資。

——奧黛麗・赫本

很多人對一些情緒抱有一種恐懼心理，如憤怒、焦慮和自卑等。大眾時常將這些情緒定義為壞情緒，但情緒並沒有好壞之分。所有的情緒都是正常的，正確看待情緒、掌控個人情緒，才是我們要努力的方向。

情緒自渡，是現代成年人的必修課

①應對憤怒

當憤怒來臨時，人的情緒是很難得到控制的，也很容易在衝動之下做出過激的行為，導致最終無法收場。出於對憤怒情緒的忌憚，很多人一直致力於尋找控制憤怒的方法。

作為情緒的一種，憤怒和喜悅一樣，都是正常的，我們無須克制它。憤怒是一種自保的本能，如果沒有憤怒這種情緒，人就不會在面對侵犯時保護自己。憤怒是一種狀態，表達憤怒卻是一種行為。**不是「憤怒」本身有問題，而是我們表達憤怒的方式出現了問題**。其實睿智的做法是冷靜而理智地表達憤怒；錯誤的做法是憤怒地表達憤怒。

比如和你簽訂合同的人違約了，你不要破口大罵，而是要冷靜地表達自己的不滿：「之前我們簽好了合同，可是你卻一而再，再而三地違規。你這樣做，讓我懷疑你的誠信，如果你再不履行合同，你必須為自己的失約付出代價，我們以後不會再有任何合作的機會。」這般直接而平靜地表達憤怒，比歇斯底里更有力量。

② 應對焦慮

每一種情緒的背後都有其他情緒的延伸，而焦慮的背後就是恐懼。

人對某件事感到焦慮，其實是因為對未來感到恐懼。未來是不確定的，人在面臨不確定性時產生了恐懼，於是便演變成了焦慮。例如，一個人在考研究所的過程中非常焦慮，那是因為他害怕自己考不上，一旦考不上，就不知道自己應該何去何從；又比如一個人對自己的單身狀態感到焦慮，那是因為他害怕自己未來會孤獨，無法想像孑然一身的未來會是怎樣的光景。

以開心、驚喜為首的正面情緒也叫「**完結情緒**」，比如你收到了一份禮物，得到了一句讚美，會覺得喜悅，但你不會在這種情緒中反復徘徊，事情一過就翻篇了。所以，開心的事是一個「句號」。作為負面情緒的焦慮卻不一樣。

負面情緒又叫「**未完情緒**」，當一個人感到憤怒、憂傷、恐懼、焦慮時，他的情緒並沒有完結，事情也未得到解決，於是才一直耿耿於懷。所以，不開心的事是一個「省略號」（編按：也稱刪節號）。

知道這些後，你才能去淡化焦慮。當你開始焦慮的時候，你要明白你是因為有一件事沒有解決而產生了「未完情緒」，你要做的就是把這件事找出來，然後付諸行動。解決焦慮最大的法寶就是行動，當你的行動，讓一件原本模糊的事情越來越具象化的時候，你的焦慮感就會越來越小。

焦慮的產生還有一個原因，那就是我們心中所想與現實存在差距，差距越大，焦慮越嚴重。所以，你不要在心中幻想太過不切實際的東西，那只會讓你滋生煩惱。同時，你需要**給自己積極的心理暗示**：我能夠實現我心中所想的目標。

客觀環境是不會改變的，如果你的心境一直不好，那你的處境就會一直很糟糕。

一些父母會對自己的孩子產生焦慮心理，是因為他們在心中構想了一個理想的幻影，而自己的孩子與自己心中的幻影存在差距，焦慮便隨之產生。家長們應該清楚，自己心中的理想孩子只是虛構的，並不是真實的。

想讓孩子向你的預期發展，你只能給孩子正面評估，要多去發現孩子的優點，幫助孩子放大原本的優勢。如果你只盯著一個人的缺點，就算這個人再優秀，在你心裡也會變得一文不值；如果一個人很平凡，但是你多關注他的優點時，那他慢慢也會變成一個很優秀的人。

③應對自卑

自卑很容易讓一個人陷入自我輕視的陷阱。想要讓自己的心理維持健康狀態，就不該總聚焦於自己的劣勢。

《論語》中有言：「吾日三省吾身。」指的是人應當不斷反省自己的缺點與不足。但在當今社會，這句話並不能幫人塑造自信，因為總是反省自己，會讓人更多地聚焦在自己的不足。一個只能看到自己缺點的人，一定時常和自己的陰暗面鬥爭。所以，要停止這一切。

要樹立自信，我們就要看到自己的價值。獨處的時候，不妨想一想，自己有什麼長處？只有看到自己的優點，人生才會充滿陽光，你認同了自己的價值，才能實現自我的超越。當你這樣堅持一段時間之後，會發現自己的生活狀況有了很大改善。

對於自己的缺點，我們要想辦法調整。這種調整分為狀態上的調整和心態上的調整。狀態上的調整就是要透過行動去彌補自己的不足。如果你覺得自己很胖，那就去減肥、健身、塑型，從而幫助自己擺脫自卑；如果你覺得自己學歷很低，那就想辦法考證照、考研究所等途徑提升學歷；如果你覺得自己很窮，那就想辦法多掙錢，透過開源節流的方式改變經濟境況。

面對自卑，最怕的就是毫無行動，這樣只能讓人陷入自卑的泥潭，不斷自我消耗。

對於即便付出努力，也還是不能改變現狀的情況，那就需要調整自己的心態了。比如你覺得自己很矮，那麼不妨問問自己，個子矮真的是致命的缺陷嗎？答案肯定是否定的，每一種身高有每一種身高的好處，你要學著接受自己，因為在別人眼裡，你的身高很有可能恰到好處。

再比如你覺得自己深受原生家庭影響，那麼不妨和父母和解，這種和解不僅僅是和家庭和解，更多的是和自己和解，你應當告訴自己：不美好的原生家庭更讓我懂得自我的重要性。能做到這些，你便能夠有效對抗自卑的情緒。

梳理壞情緒，和自己和好

隨著生活節奏的加快與日常壓力的增大，當今社會情緒不穩定的人越來越多。

如今許多人儼然成了情緒的奴隸，在情緒失控的時候，時常做出一些出格的行為，造成諸多不可挽回的損失，把本就岌岌可危的關係徹底搞砸。

在情感關係中，最致命的就是遇到一個情緒不穩定的伴侶。一個情緒不穩定的伴侶，會讓關係時刻處於劍拔弩張的狀態，正面溝通無法實現，司空見慣的是大吵大鬧與歇斯底里。

在產生壞情緒時，有些人會選擇做出一些極端行為，如暴飲暴食、酗酒、放聲咆哮、嚎啕大哭等。這些做法或許能發揮暫時性的自我麻痺效果，但實質上，純粹是一種自我傷害行為。

另外，當一個人很「閒」的時候，也可能沉溺在不良嗜好之中，養成很多惡習。這些惡習不僅無法解決情緒問題，反而會讓心境越來越低落，從而引發新的不良嗜好。

所以，我們需要透過讓自己忙起來的方式，來避免陷入困境，但這種「忙起來」並不是漫無目的地忙亂，而是要**忙一些能讓自己心情變好的事情，讓自己充實起來**。你是如何應對壞情緒的？當你的情緒不佳時，你選擇如何排解？

其實，被情緒影響是人之常情，但控制好情緒是每一個成年人都應該做到的體面事。**掌控壞情緒，是愛他人，更是愛自己的表現**。

用一張清單，學會做情緒的主人

對於壞情緒，需要用健康的方法去化解。如果你不知道如何去做，那麼不妨試一試下列方法：

第一步，列一張清單，寫下你常使用的發洩情緒的方式。看一看其中有哪些不得體的偏激行為，然後回想究竟是什麼原因促使你那樣做的？

第二步，仔細回想，在遇到哪些類似的事情或人時，你會控制不住自己的情緒？

第三步，問問自己，做這些偏激行為真的能讓自己快樂嗎？事後是否經常後悔？

第四步，回想做這些事情，常常給自己帶來什麼負面影響？

第五步，做一個清醒的當事人。把自己當成自己的摯友，試想如果是你的朋友做出這樣的行為，你會如何規勸他？例如，你總是在情感不順的時候喝得爛醉如泥，而後上吐下瀉。那麼，假如朋友每當情感不順後就去買醉，時常喝得不省人事，你會怎麼說他？把你想說的話記下來，這就是你應該給自己的建議。

第六步，停止這些偏激行為，試著思考有哪些有效且睿智的好舉措，回想自己曾經用過哪些理智且溫和的排解壞情緒的行為。點子越多越好，把它們列成一張清單。

第七步，當自己的情緒即將崩潰的時候，迅速轉移注意力，從自己列出的清單中選擇最行之有效的好方法。這能夠防止事態繼續惡化，避免壞情緒繼續作祟。

如果你不知道怎樣做更好，那麼可以試試下面為你列出的清單：

1. 畫畫。
2. 喝咖啡。在咖啡店中靜下心來，看看窗外過往的人群。
3. 寫作。記錄自己的心境，和自我對話。
4. 回想開心的事，可以多翻看老照片。
5. 多參加線下活動。
6. 找人傾訴。可以打電話給朋友，如果問題很嚴重，可以和諮詢師聊聊。

7. 改變妝容。換一件衣服，換一套妝容，給自己換個心情。
8. 列出自己的優點，多複述自己的長處，做到正向強化。
9. 運動。瑜伽、跑步、跳繩、舞蹈、游泳、騎車……，選擇最適合你的項目。
10. 烹飪。為自己做一頓精緻的正餐，或者做些甜點。
11. 改造房間。改變房間的裝飾，為自己換一種生活環境。
12. 看電影。可以約好友一起，也可以獨自前往。
13. 外出散步。去呼吸新鮮的空氣，多接觸自然。
14. 靜下心，從一數到一百。這樣做簡單，有時也最有效。

……

在列清單時，你應該根據自己的個人偏好選擇最適合的方法。方法越多越好，最少二十個。你擁有的選項越多，能成功轉移注意力並掌控情緒的機率就越大，防止事態惡化的機率也越大。

不妨從清單中找出一個最感興趣的活動，然後想一想，如果你去做這項活動，會遇到哪些阻礙？進而尋找阻礙你的原因，最終將其消除。若是實在行不通，那麼你可以選擇能獲得同樣的效果的其他活動。如果沒有阻礙，那直接去做即可，要毅然決然地去做。

做這一切的目的，是幫助你跳出從前固定的生活模式，去自由、自主地想出更多更好的辦法，讓自己充實起來。

學會提升自己的正面情緒，能夠幫助我們有效應對負面狀態。想獲得正面情緒，其實很簡單。以下分享一實際案例。

董女士是一個脾氣火爆的人，她時常控制不住自己的情緒，於是她的丈夫便時常遭殃。在生活中，董女士經常為了一些雞毛蒜皮的小事大動干戈，不僅大吵大鬧，還打人、砸東西。丈夫從前一直選擇隱忍，但人的耐心和好脾氣總是會耗盡的，丈夫在董女士一次又一次的惡語相向中，最終對婚姻失望，他告訴董女士：如果繼續這樣下去，日子就沒辦法過了，兩人只有離婚這一條路。

直到這時候，董女士才開始反省自己的行為。我引導她練習換位思考——

如果丈夫經常對自己歇斯底里，一有情緒就把東西砸得稀碎，自己會是怎樣的心情？董女士開始意識到從前的自己是多麼任性，從前的做法根本不能解決問題，只會讓問題更加嚴重。於是，她開始控制自己的情緒，每當脾氣上來時，她便會一言不發地回到房間，關上房門，然後翻看從前的老照片。舊照片中的自己和老公還正在念大學，兩人一起攜手走過了數不清的快樂時光，應該珍惜現在的生活。

往後的日子裡，董女士運用不同的辦法來化解情緒，有時是翻看老照片，有時是外出散步，有時是玩遊戲……，漸漸地，她能夠以平和淡定的姿態面對情感關係中的瑣事了，和丈夫的情感也逐漸恢復和諧。

實際上，掌控情緒往往沒有那麼難，只看自己是否有決心去改變。你對待問題的態度，影響著別人對你的態度，如果你能夠做情緒的主人，那麼你一定能把各種關係都處理得遊刃有餘。

3個方向，打造自己的稀缺價值

在這個競爭激烈的社會，每個人都希望自己能夠脫穎而出，被看見、被認可。要實現這一點，僅依靠表面的友好和情緒上的共鳴是遠遠不夠的，我們需要有更深層次的東西，那就是自己的**稀缺價值**。

簡單來說，稀缺價值就是那些別人難以複製或替代的能力、知識或經驗。它就像我們手中的一張獨特名片，讓我們在眾多人中顯得與眾不同。比如，你有超凡的溝通能力，能夠輕鬆化解矛盾；你有深厚的專業知識，能解決別人解決不了的問題。這些都是你的稀缺價值。

那麼，為什麼要打造自己的稀缺價值呢？因為它能幫助我們在職場上獲得更好的機會，提升競爭力。當你掌握一項別人沒有的技能或知識時，你就有了更多的選擇權，可以挑選更適合自己的工作，而不是被工作挑選。同時，稀缺價值也能讓我們在人際關係中，變得更加自信和有分量。

本書主要聚焦於關係裡的情緒價值，所以我們暫且不論一個人的稀缺性對於職業發展的影響，只說一下一個人在關係上的稀缺性，以及打造關係中稀缺價值的方法。

一個人在關係上的稀缺性可以表現在三個方面：**支持力、生活力和思維力**。

① 支持力：人性中的「必需感」

亞當．史密斯說：「人，天生並且永遠是自私的。」每個人的行為都能反映出他的動機，而基本上所有的行為動機都指向利己，所以從人性角度來看，一個人所珍惜的關係，一定有著利己的成分。我們可以這麼理解，即一**個人越能在他人需要時提供實質性的幫助，便越能在關係中佔據不可或缺的位置，因為能夠為對方提供實質性幫助的個體，能夠最直接地滿足對方的利己需求**。

如果一個人有著強大的支持力，無論對方遇到的是工作中的難題，還是生活中的情感挑戰，他都能送去溫暖，陪伴對方共同面對，那麼這個人的關係稀缺性就比較強。

我們常聽到一句話：錦上添花易，雪中送炭難。但凡在生活中有跟他人借錢經歷的人，都會對這句話特別有感觸。你生活中有很多朋友，平日裡聚會吃飯、隨叫隨到的密友也有一大堆，但有一天，你遇到一點困難，需要向他人借錢度過這個難關，你可能會發現，平日裡能說會道、稱兄道弟的朋友，要麼電話占線，要麼理由一堆；而可能某個平日裡話不多的多年老友，反而伸出了援助之手。後者就是具有支持力的朋友，如果遇到，一定要珍惜。

支持力不僅僅是一種能力的展現，更是一個人脾氣秉性的反映。它要求一個人不僅具備共情力，能夠設身處地理解他人的困境，還要求一個人具有社會興趣和奉獻感，能夠勇於承擔責任，並盡力解決他人面臨的問題。正是這樣的投入與付出，讓一個人的支持力變得更加寶貴。

②生活力：會玩才會建立關係

生活力是人際關係中一股不可忽視的力量，它關乎我們如何經營自己的生活。生活力能幫助我們與周圍的人建立更加緊密和深刻的聯繫。

首先，生活力體現在一個人對生活的熱愛與追求上。一個懂得生活的人，一定是會玩的人。現在成年人的生活都過於單調乏味了，工作日三點一線（編按：通常指上班、下班、回家）的循環，休息日則抱著手機躺平，這是大多數成年人的生活狀態。一個會玩的人，能夠發現並珍惜生活中每一個美好的瞬間，無論是清晨的第一縷陽光，還是夜晚的滿天繁星。他能帶動周圍的人，一起把生活過得多姿多彩，這本身就是很讓人羨慕的能力。

其次，生活力還體現在一個人的創造力與審美力上。一個會生活的人，懂得如何運用自己的智慧和想像力，將平凡的日子過成詩。他們善於創造驚喜與浪漫，讓生活的每一個角落都充滿趣味與格調。同時，他們還擁有敏銳的審美力，能夠發現並欣賞生活中的美，無論是藝術品的鑒賞，還是家居的佈置、廚藝，都能體現出他們獨特的品味與格調。與有生活力的人交朋友，是一件十分有趣且充滿驚喜的事。

③思維力：直擊問題的能耐

思維力強的人往往擁有獨特的視角和深刻的洞察力。他們能從紛繁複雜的資訊中抽絲剝繭，直擊問題的本質。當你有解不開的疑惑向他們求助時，他們總能為你點撥一二，提供性價比很高的解決方案。有這樣的朋友，我們才會體會到滿滿的安全感。

做對5件事，成就無可取代的自己

那麼，如何從支持力、生活力、思維力這三方面，來提升我們在關係中的稀缺價值呢？

第一，深化支持力：積極助人，成為可靠後盾。

你不能成為濫好人，但一定要成為幾個人關係梯度（編按：原為數學名詞，可理解為坡度）裡的前三位。同理，你也無須成為一個處處都有好人緣的人，但一定有那麼幾個生死之交。

當你梳理完自己的關係梯度，接下來就該有側重地運營了。對於自己生命中的前三位，真心相待。在對方需要時，不僅提供情感上的慰藉，更要力所能及地給予實質性的幫助，比如分享資源、提供建議或解決問題，與之建立長期的支持關係，不僅在順境時相伴，更在逆境中不離不棄，成為對方可以信賴的依靠。

第二，發展生活力：培養獨特愛好，成為會玩的人。

練習讓自己成為偶爾「不務正業」的人，培養適當的健康愛好，無論是藝術、運動、旅行、唱歌、烹飪都可以，嘗試著讓自己的生活擁有賺錢工作之外的快樂。

你也可以透過社交平台、聚會或日常交流，將自己的生活美學傳遞給身邊的人，激發他人對生活的熱愛和嚮往。

第三，擴大影響力：精準混圈子（編按：意指有共同愛好的社交團體）**，建立高品質人際關係**。

根據自己的職業規劃和個人興趣，選擇性地加入相關社群或組織，與志同道合的人建立聯繫。

在圈子中主動分享自己的見解、經驗和資源，為他人提供幫助和支持，樹立專業形象和影響力。定期與圈內人士保持聯繫，關注他們的動態，適時提供幫助或尋求合作機會，建立穩固的人際關係。

第四，持續提升思維力：不斷學習，保持敏銳洞察力。

保持對新知識、新技能的好奇心和學習熱情，透過閱讀書籍、參加課程、線上學習等方式不斷充實自己。

學會獨立思考和批判性分析，不盲目接收資訊，而是透過自己的理解和判斷來形成觀點。嘗試將不同領域的知識和技能進行融合，創造出新的解決方案，展現你的創新能力和獨特價值。

第五，強化情感聯結：真誠待人，建立深厚情感基礎。

與他人交往時保持真誠和坦率，表達自己的真實想法和感受，建立基於信任的溝通橋樑。

對他人的幫助和支持表示感激和認可，用積極的語言和行動強化彼此之間的情感聯繫。鼓勵和支持身邊的人追求自己的夢想和目標，與他們共同成長和進步，建立深厚的情感基礎和長久的友誼。

透過這五個方面的努力，就可以不斷提升自己在關係中的稀缺價值，成為他人眼中值得信賴、有趣且富有智慧的夥伴。

做自己世界裡的自信主角

戲劇裡常出現的「大女主」，並非只指出身優越或容顏姣好的女性，這些特質只是加分項，而不是決定項。現實中真正的「大女主」，指的是生活中的中堅者與勝利者，她們不論在情場還是職場，都如鑽石般耀眼。

「大女主」有五個顯著特徵：

第一，擁有始終關注自我的精神力量。

第二，不局促，舉手投足間始終從容不迫。

第三，注重自我意願。不論和誰交往，都保持著主動權。

第四，情緒穩定，不大起大落。

第五，衣著裝扮得體、大氣。

「大女主」們的成功各不相同，但她們的特質卻有相似之處。如何獲得這些特質，並讓這些特質在自己身上發揮作用，其實是無論男女，都應該努力的方向。我們可以試著練習做到下列5件事：

①肯定自己的價值

一個人對自己的認知，影響著外界所有人對他的態度。

舉一個真實的案例：女生小月，二十八歲，她的個人條件雖說不夠優越，但也絕對不算差，但她一直不夠自信。小月相親過很多次，次次都失敗，每次初見吃飯後都沒了下文。她的家人對此很不滿，一直用言語攻擊她、貶低她。

最開始的時候，小月還在為自己據理力爭，但隨著相親失敗次數的增加，小月便麻木了。她在這種攻擊性語言下變得沉默，而後慢慢習慣了這一切，最終接受了那些貶低的話。

她開始自暴自棄，像一個機器人一樣任憑別人擺布。在後續的相親過程中，小月越發覺得自己不會說話，甚至感覺低人一等，最終形成了惡性循環。這時，外界對小月的評價是：「啊，這個姑娘啊……好像找不到她的什麼優點……」

在意識到問題的嚴重性後，小月接受了心理疏導。她開始漸漸明白問題所在，繼而開始改變自己的信念、肯定自己的價值。她屏蔽一切負面的聲音，告訴自己：「你是最棒的」、「你必須自信起來，你有很多優點」。在不斷用積極的一面去抵抗消極的一面之後，小月的心理狀態逐漸回歸健康，舉手投足變得自然得體，別人開始以平等和尊重的態度對待她。

一段時間後，小月雖說沒有整個人脫胎換骨，但還是獲得了很多階段性的成長，比如不再一味接受家人安排的相親，被別人評價時也不再不敢反駁。現在看上去，小月還是小月，工作和感情也彷彿沒有什麼變化，但她已經不再是從前的她了。

信念對自身的影響極大。如果你對自己有著積極的、堅定的信念，你就會展現出很強的生命力。

想一下你的內在價值有哪些？學著去肯定它們、表現出它們。

②讓自己愛上自己

想保持高姿態，首先要自信。

「大女主」能夠有效感知自我，她的心態從容且自信。明確知道自己喜歡自己、相信自己，對自己的行動胸有成竹。當發生意外時，「大女主」有足夠的勇氣應對並及時掌控事態的發展。這種心態是一種信念，一個女生是否具有吸引力，取決於她是否具有這種信念。因為**一個人的信念決定他的行為，而一個人的行為會影響周圍人對他的看法**。有了這種信念，才會做出正確的舉動，從而實現自己的追求。

在生活中，我們難免會遇到負面評價，這時要做的不是在陰影中沉溺，而是及時改進自己的不足，放大自己的長處。那麼，如何利用自己積極的一面去抵抗消極的一面，從而保持心理健康的狀態呢？

一個行之有效的方法是：找一個能讓你靜下來的場合，拿出一張紙，在左側寫下你的所有閃光點，以及你喜歡自己的原因；在右側寫下所有不足，以及你討厭自己的原因。寫完後，分別閱讀兩側的內容，這一閱讀的過程，實際上就是連接自己內心的過程，你要用心感知過程中自己情緒的變化。

之後，你要忘記自己的缺點與不足，和它們說再見，繼而只聚焦於你的優點。你需要**不斷堅定自己的信念，認同自己的閃光點，讓自己進一步愛上自己**。

從今往後，你給自己的評價都需要是積極的。在書寫自我的時候盡量使用「現在簡單式」，比如說「我很好看」、「我很勇敢」、「我很努力」。言語一定要直接，越直接越好，這樣利於信念的養成。如果你願意，可以用聲音記錄下這一過程，每晚拿出來聽一聽，甚至可以讓這種聲音作為你的入睡陪伴音。久而久之，這些積極因素便會不自覺地滲透進你的意識中，你就真的會變成一個積極自信的人。

當你變得足夠自信時，就能成為一個具有高姿態的人。

③握有主動權

什麼叫作主動？主動不是什麼事都要爭搶，而是做事情有主見，比如你的同事約你出去吃飯，你如果說：「那我們吃什麼」、「吃什麼你定吧」，就意味著你喪失了主動權。如果說：「好啊，我們去樓下的那家川菜館吃飯吧」，這便叫掌握了主動權。

當你與人溝通時，只需自然地講出自己的想法即可。說話請**多使用陳述句，而不是疑問句，這樣能夠發揮引導對方的作用**。

如果你想讓你的陳述更加具有說服力，那就試著加上「因為……所以……」的句式，比如：「因為那家川菜館人氣非常高，很多朋友都向我推薦過，正好我們都沒有吃過，所以不妨就去那裡吃吧。」

多在生活中的小事上掌握主動權，做事時才會果斷，從而促使你變得更加有主見。當你對這套流程有了足夠的適應力和信心時，未來在處理更棘手、更嚴峻、更有壓力的問題時，便能夠自然而然地掌握主動權。

女生想要保持自己的吸引力，想要得到他人的尊重，必須自己有主見。總說「聽你的」這種話的女生，很難成為「大女主」，這樣的女生更可能處於一種附屬狀態。**只有擁有了主動權，才能擺脫被支配或被動的命運**。

修煉高姿態的三個原則是：

第一，當你與他人在做某種決定的時候，直接說出自己的決定，同時說出陳述性的理由，不要問太多問題。比如你和對方相約下週二一同逛街，但是對方放了你的鴿子，你無須問對方怎麼了，你只需要說：「好的，除了下週二我沒有閒置時間了，那我們以後有機會再見吧。」

第二，不要交出做決定的權利，只給出選擇。比如，你和幾位朋友計畫週末聚會，作為活動的發起人，你不要直接決定聚會的內容，而要準備幾個建議，比如去郊外野餐、看一場電影或參觀一個藝術展覽，你可以說：「大家覺得哪個更有趣呢？」

第三，要帶領對方做事。比如你可以說：「我餓了，我帶你去吃點東西吧」、「我們去喝咖啡，打發一下時間吧」……。要知道，主動權不是天生的，而是自己爭取來的，是透過日常一點一滴的小事累積起來的。

學會主動，你也可以成為一個「大女主」。

④養成不內耗的鬆弛感

情緒從不大起大落，也從不拘謹局促。

在社交場合中，總會有一群人比另外一群人更加從容與放鬆。而你會發現，這些人的從容與放鬆，會使他們自帶氣場，散發出巨大的吸引力和魅力。拋開地位和身分不談，這些人能夠在各種場合中都做到情緒穩定，處變不驚，這就是一種能力。

要想在面對任何人和任何場合時都保持鬆弛感，這並不難，透過適當的練習，我們都能掌握這種能力。

想做到不緊張，首先就要想辦法找到能讓自己放鬆的突破口。人之所以會緊張，大多是因為對環境不熟悉。如果你在某一環境中覺得無所適從，那麼你可以找一個熟悉的人聊天。如果沒有認識的人，你也可以聽聽音樂。當你的情緒和環境融為一體時，自然就會呈現放鬆的狀態。

當和別人對上視線時，不要躲閃、游移、低頭、排斥。在眼神的交流中，誰表現得更自然，誰就能呈現出高姿態。與人交談也是一樣，如果一個女生在聊天時表現得非常拘謹，那麼她幾乎不可能吸引到對方。如果有人和你搭訕，即便對方的條件非常優越，你也不要露怯，不要覺得自己處於低位。因為如果對方能找你搭訕，表示你的條件一定也不差。

如果你對對方很感興趣，請不要在一開始就對他有太多「濾鏡」，更不要暴露自己的局促和緊張。你的局促感源於自曝其短的恐懼，於是總是下意識地選擇掩蓋，自然而然就表現出了局促。你的沉默和拘謹是一種藏拙的方式。但是，對自己很有信心的人，是不介意把真實的自我暴露出來的。

在這種時候，你可以設立一個能夠達成的簡單目標，比如簡單聊幾句之後就先停止交談，而後自然地轉身離開，有時不過分主動，反而會增加你的吸引力。

有一個辦法可以有效改善你的緊張：拿出一張紙，寫出會讓你感到緊張的事情，然後再給自己幾條有效建議，最後去實踐即可。不要害怕，否則你永遠無法進步。比如你見到異性就臉紅，那麼你可以讓自己多接觸異性；比如你非常「社恐」，那麼可以嘗試讓自己多參加一些社交活動。

這種方法並不能一蹴而就，它的成果是慢慢顯露的。你只需要循序漸進去做即可，最後必定成效顯著。**不要把注意力放在「追求完美」上，而是要把精力放在「不斷進步」上**。你的每一次小進步，都能激發出自信。

⑤給人留下得體好印象

大方得體的女人是有吸引力的，縱觀所有的「大女主」，幾乎無一不落落大方。

一個人的衣著在一定程度上，左右著別人對他的價值判斷。對於萍水相逢的初見者而言，衣著就像你的簡歷。想讓別人對你的第一印象好，你需要在裝扮上下功夫。

你必須找到適合自己的著裝風格。如果你的性格很保守，就不要穿得太花枝招展；如果你的性格非常有活力，就不要穿得太死氣沉沉。

如果你的裝扮過於普通，樸素到沒有任何新意，淹沒在人群中後完全不會被人注意到，那麼你可以嘗試著在衣著上加一些小細節，比如繫一條絲巾或佩戴一枚胸針。

「大女主」並不只存在於影視文學作品中，只要能做到以上五點，你就可以成為一個不折不扣的「大女主」。

不設限，才能看到更多可能

親密關係該以自由為基礎

有些人認為「自由感」和「親密關係」相互矛盾，這是一個盲點。自由感與親密關係完全不衝突，**「自由感」是親密關係的一個重要出口**。

當一個人在有能力單身的基礎上，還選擇了親密關係，說明這段關係中的伴侶是那個「對的人」，是真正值得自己守護的對象。

親密關係的選擇，要建立在「我即便一個人生活也無所謂」的想法上，而不是建立在「害怕孤獨」的錯誤觀念上，後者只會讓一個人失去自由，繼而被迫徘徊在一段錯誤的關係之中。

有自由感的親密關係，是以隨時有勇氣離開對方為前提的。你只有不怕離開，才能按自己想要的方式生活，也才能因此構建更加舒服的關係。越不怕對方離開，越能得到對方的尊重。

這種「不怕離開」指的是真正的有魄力，而非裝腔作勢。夫妻吵架時，經常會有一方把「離婚」這件事當作籌碼，掛在嘴邊，其實這樣的威脅是花拳繡腿，對方一眼就能看出端倪。真正的堅定不同於虛假的威脅，是能讓對方產生失去的恐懼的。

自由，只會讓你變得更好

人生的框架，決定了你覺得自己是誰，以及你應該怎樣度過你的一生。

有的人覺得人生就是要賺很多的錢，有的人覺得人生就是要看很多的風景，有的人覺得平淡健康就是生活……，這些都是不同人生的不同框架。

你需要弄清自己的人生框架，需要明白親密關係在你的人生當中佔據著怎樣的位置。

如果你得不到答案，那麼可以問問自己：什麼樣的人生是你覺得最舒服的？你覺得自己走向成功的障礙是什麼？現在的人生和你理想中的人生相比，落差在哪裡？想明白這些後，你的人生框架便能夠得到有效建構，也只有這樣，你才能在後續生活中獲得自由感。

在生活中，你需要讓自己的思考方式更加鬆弛，需要給自己更多的選項。「我要有很多很多的愛，如果沒有的話，我就要很多很多的錢，如果還沒有，那我就要健康。」這就是一種有彈性的想法。

心理學把缺乏鬆弛的心理狀態叫作「**絕對化心理**」，這是一種存在很大局限的認知方式。思維緊繃的人更容易產生強烈的情緒反應，也更容易懷揣極端的想法，如「我絕對不能離婚，肯定沒有人要二婚的人」、「我現在不結婚，以後老了就沒有人要我了」，這種判決式的偏激想法就是絕對化的，我們應該極力屏棄它們。

面對事情時，你的觀念彈性越大，收穫的自由就越多。當你的想法變得有彈性的時候，自身的壓力就會減輕很多。

讓自己多做做白日夢。你可以設想幾種完全不同的人生。試著思考：你在平行時空中會生活成什麼樣子？在平行時空中，你沒有和現在的伴侶在一起，也沒做現在的工作，那麼你會去哪裡？又會以怎樣的狀態生活呢？

思考這些會讓你明白：雖然你現在過得很不錯，但是換一種人生依然也能過得精彩。

做「白日夢」的目的是不給自己的人生設限，讓自己看到更多的人生可能性。

你需要知道：你做的每一個決定都只是眾多選擇中的一個，而不是唯一的選擇。你的人生有無數種可能，不要局限於當前這一種。

你儘管放寬心，不要害怕自由。

自由，只會讓你變得更好。

0HDC0134

情緒價值

消除內耗，把情緒變得有價值，跟誰都能自在相處

作　　者：鄭實
責任編輯：林宥彤
封面設計：FE Design
內頁排版：顏麟驊

總 編 輯：林麗文
副 總 編：蕭歆儀、賴秉薇
主　　編：高佩琳、林宥彤
執行編輯：林靜莉
行銷總監：祝子慧
行銷經理：林彥伶

出　　版：幸福文化出版社
地　　址：231 新北市新店區民權路 108-1 號 8 樓
粉 絲 團：https://www.facebook.com/happinessbookrep/
電　　話：（02）2218-1417
傳　　真：（02）2218-8057

發　　行：遠足文化事業股份有限公司（讀書共和國集團）
地　　址：231 新北市新店區民權路 108-2 號 9 樓
電　　話：（02）2218-1417
傳　　真：（02）2218-1142
電　　郵：service@bookrep.com.tw
郵撥帳號：19504465
客服電話：0800-221-029
網　　址：www.bookrep.com.tw

法律顧問：華洋法律事務所蘇文生律師
印　　刷：呈靖彩藝有限公司

初版一刷：2025 年 6 月
定　　價：400 元

國家圖書館出版品預行編目資料

情緒價值：消除內耗，把情緒變得有價值，跟誰都能自在相處／鄭實著．-- 初版．-- 新北市：幸福文化出版社出版：遠足文化事業股份有限公司發行，2025.06
240 面；14.8×21 公分
ISBN 978-626-7680-11-7（平裝）
1.CST：情緒管理　2.CST：生活指導
3.CST：自我實現
176.52　　114003563

BOOK REPUBLIC
讀書共和國出版集團